AF746173

www.ingramcontent.com/pod-product-compliance
Lightning Source LLC
LaVergne TN
LVHW010832051026
849532LV00007B/2675

9789369084661

شاعری اور زندگی :

نظریے و منظر

(ادبی مضامین)

مرتب:

مکرم نیاز

Shayari aur Zindagi: Nazariye wa Manazir (Essays)
by: Mukarram Niyaz
Edition: March '2026
Publisher :
Taemeer Publications LLC (Michigan, USA / Hyderabad, India)

ISBN 978-93-6908-466-1
9 789369 084661

کتاب	:	**شاعری اور زندگی: نظریے و منظر**
مرتب	:	**مکرم نیاز**
بہ تعاون	:	این سی پی یو ایل بلاگ
صنف	:	تحقیق و تنقید
ناشر	:	تعمیر پبلی کیشنز (حیدرآباد، انڈیا)
سالِ اشاعت	:	۲۰۲۶ء
صفحات	:	۱۰۴
سرورق ڈیزائن	:	تعمیر ویب ڈیزائن

فہرست

پیش لفظ

شاعری صرف الفاظ کی ترتیب یا قافیہ پیمائی کا نام نہیں، بلکہ انسانی تجربے، تہذیبی شعور، فکری بصیرت اور قلبی واردات کا ایسا آئینہ ہے جس میں زندگی اپنے تمام رنگوں کے ساتھ جلوہ گر ہوتی ہے۔ "شاعری اور زندگی: نظریے و منظر" اسی بنیادی حقیقت کو سامنے رکھ کر مرتب کی گئی کتاب ہے، جس میں اردو شاعری کے فکری، جمالیاتی، تہذیبی اور عملی جہات پر گفتگو کی گئی ہے۔ اس مجموعے کا امتیاز یہ ہے کہ یہ شاعری کو محض حسنِ بیان یا لفظی صنعت تک محدود نہیں رکھتا، بلکہ اسے زندگی، تاریخ، مذہب، ثقافت، موسیقی، اساطیر اور روزمرہ تجربے کے وسیع تر تناظر میں دیکھتا ہے۔ اکبر الہ آبادی کے یہاں مشرق کے تصور سے لے کر میر کی تلمیحات، رامائن و گیتا کے اساطیری اثرات، خسرو کی موسیقی، چکبست کی وطن دوستی اور اردو شاعری میں روزمرہ زندگی کی جھلک تک، یہ کتاب قاری کو اس سوال کی طرف لے جاتی ہے کہ شاعری آخر کس طرح ایک تہذیب کی روح، ایک قوم کی یادداشت اور ایک فرد کی داخلی دنیا بن جاتی ہے۔ اس میں شامل مضامین اردو تنقید کے اس سنجیدہ رجحان کی نمائندگی کرتے ہیں جو شعر کو صرف

خوبصورتی کے زاویے سے نہیں دیکھتا، بلکہ اس کے فکری پس منظر، علامتی نظام، تہذیبی رشتوں اور انسانی معنویت کو سمجھنے کی کوشش کرتا ہے۔ آج کے عہد میں جب تنقید اکثر سطحی تاثر یا رسمی تعریف تک محدود ہو جاتی ہے، یہ کتاب ہمیں شاعری کو ایک زندہ، متحرک اور بامعنی انسانی عمل کے طور پر پڑھنے کی دعوت دیتی ہے۔

پہلا مضمون "اکبر الہ آبادی کی شاعری میں مشرق کا تصور" امیر حسن کے قلم سے اکبر کے ہاں تہذیبی خودی، مشرقی اقدار اور مغربی تہذیب پر ان کی ظریفانہ مگر گہری تنقید کو سامنے لاتا ہے۔ دوسرا مضمون "میر کی شاعری میں مستعمل تلمیحات اور مضمون آفرینی" عبدالرحمن نے میر کے شعری ذہن میں موجود تہذیبی حافظے، تلمیحات کے برتاؤ اور مضمون آفرینی کی ندرت کا تجزیہ کیا ہے۔ تیسرا مضمون "اردو شاعری میں رامائن اور گیتا کے اساطیر" سرفراز جاوید کے یہاں ہندو متون کے اساطیری و فکری حوالوں کے اردو شعری روایت میں جذب ہونے کا مطالعہ ہے، جو تہذیبی ہم آہنگی کی ایک روشن مثال بنتا ہے۔ چوتھا مضمون "اردو شاعری میں تلمیحات کا لفظی اور معنوی آہنگ" محمد عارف کے ذریعے تلمیح کے اسلوبیاتی، معنوی اور جمالیاتی پہلوؤں کو واضح کرتا ہے۔

پانچواں مضمون "شاعری کے کرداروں کا مطالعاتی تناظر" قسیم اختر کے ہاں شعری کرداروں کی ساخت، ان کے نفسیاتی اور علامتی امکانات پر روشنی ڈالتا ہے۔ چھٹا مضمون "بسنت: خسرو کی شاعری کے حوالے سے" شریف احمد قریشی کے قلم سے امیر خسرو کی شاعری میں بہار، رنگ، سرود اور جشنِ حیات کے استعاروں کو کھولتا ہے۔ ساتواں

مضمون "امیر خسرو کی موسیقی اور شاعری" جعفر دانش نے خسرو کے ہاں موسیقی اور شعر کے باہمی رشتے کو علمی انداز میں بیان کیا ہے، جہاں نغمہ اور لفظ ایک دوسرے کی تکمیل کرتے ہیں۔ آٹھواں مضمون "برج نرائن چکبست کی شاعری میں حب الوطنی کے عناصر" ممتاز احمد خاں کے ذریعے اردو شاعری میں قومی شعور، وطنیت اور اخلاقی ذمہ داری کے عناصر کو اجاگر کرتا ہے۔ نواں اور آخری مضمون "اردو شاعری اور روزمرہ کی زندگی" بدر محمدی کے نزدیک شاعری کو محض بلند آہنگ تخیل نہیں بلکہ روزمرہ انسانی زندگی کے تجربات، دکھوں، امیدوں اور رشتوں کا آئینہ ثابت کرتا ہے۔

یوں یہ کتاب شعر و زندگی کے باہمی تعلق، فکری گہرائی اور تہذیبی معنویت کا ایک جامع اور دل نشین مطالعہ پیش کرتی ہے۔

ا

اکبر الہ آبادی کی شاعری میں مشرق کا تصور

امیر حسن

تجھے ہم شاعروں میں کیوں نا اکبر معتبر سمجھیں
بیاں ایسا کہ دل مانے زباں ایسی کہ سب سمجھیں

اکبر الہ آبادی دنیائے شاعر میں کسی تعارف کے محتاج نہیں۔ ہندو پاک کے علاوہ دیگر ممالک میں بھی اپنے مخصوص لب و لہجے کی وجہ سے کافی معروف ہیں۔ اکبر کی شاعری سے ہر خاص و عام واقف ہے۔ اکبر الہ آبادی کو وہ قدور منزلت نصیب نہ ہوئی جس کے وہ حقدار تھے۔ اس کی سب سے بڑی وجہ یہ رہی کہ ان کو صرف اور صرف طنز و مزاح کا شاعر تصور کیا گیا۔ لیکن اکبر کی شاعری ہمیں ایک تاریخ کی طرف اشارہ دیتی ہے۔ اس کے علاوہ اکبر کی شاعری ہندوستانی تہذیب و تمدن کی علمبر دار ہے۔

حقیقت یہ ہے کہ دنیا میں کوئی قوم اپنی تہذیب و ثقافت اور روایات و واقعات سے پہچانی جاتی ہے۔ قومیں اپنے اوصاف کی بقا کے لیے بھرپور کوششیں کرتی ہیں۔ یقیناً کسی بھی قوم کی بقا اور عظمت اس کی تہذیب اور ثقافت میں پوشیدہ ہوتی ہے۔ دنیا کی تمام تر زندہ قومیں اپنی تہذیب اور روایتی ورثے سے بہت محبت کرتی ہیں اور اس کے لیے بڑی بڑی قربانیاں پیش کرتی ہیں۔

اکبر الہ آبادی نے عوامی ذہنیت کو پستی میں گرنے سے بچانے کی کوشش کی۔ نوآبادیاتی نظام یعنی (Neocolonialism) کے ذریعے ہونے والے نقصانات سے ہندوستانی عوام کو آگاہ کیا۔ اردو ادب کی پوری تاریخ میں اس نوآبادیاتی نظام کے خلاف شعوری طور پر جن لوگوں نے رد عمل ظاہر کیا ان میں اکبر الہ آبادی کا نام سر فہرست ہے۔

اکبر نے عوامی ذہنیت کو بلندی پر لے جانے کے لیے اور ان کو پستی سے باہر لانے کے لیے ضروری سمجھا کہ عوام کو آہستہ آہستہ ان کے برتر ہونے کا احساس دلایا جائے۔ دوسری جانب انھوں نے نئے خیالات اور نئی فکر کو اپنی کڑی تنقید کی کسوٹی پر پرکھنا شروع کیا اور جہاں کہیں ان کی نگاہ میں کسی نئی فکر اور نئے خیالات میں مضر اثرات ابھرتے تو انہوں نے فوراً اپنی شاعری کی ذریعے سے ہندوستانیوں کو آگاہ کیا۔

اکبر جب ہندوستانیوں کو مشرقی تہذیب و تمدن کے اوصاف سے خالی اور مغرب کی اندھی تقلید میں مبتلا دیکھتے تو ان کو مشرقی تہذیب و تمدن اور ثقافت و روایت ملیامیٹ ہوتی ہوئی دکھائی دیتی تھی۔ اکبر الہ آبادی مشرقی تہذیب و تمدن کے علمبردار تھے۔ وہ محسوس کر رہے تھے کہ یہ چیزیں جو انگریزوں کی طرف سے آرہی ہیں یہ ہمارے لیے غلامی کی علامت ہیں۔ ریل، انجن، بھاپ، برقی لیمپ، مشین، کلیسا اور موٹر وغیرہ ان تمام چیزوں کو اکبر علامت کی سطح پر لے رہے تھے اور ان سب کو غلامی کی علامت سمجھ رہے تھے۔ ان کا خیال تھا کہ ان کے ذریعے ہمیں ذہنی طور پر غلام بنایا جا رہا ہے۔ اکبر الہ آبادی کو اس سے شعوری یا غیر شعوری طور پر اپنی تہذیب کو خود ہی ملیامیٹ کرنے کا خوف ستا رہا تھا۔

شمس الرحمن فاروقی اکبر الہ آبادی کی عظمت کا اعتراف کرتے ہوئے لکھتے ہیں:

" اکبر کی پہلی عظمت اس بات میں ہے کہ (مہاتما گاندھی اور اقبال دونوں نے مغرب اور اس کی تہذیب و تعلیم کو براہ راست اور بہت قریب سے دیکھا تھا) لیکن اکبر نے ملک کے باہر جائے بغیر اس تہذیب اور تعلیم کی علامتوں اور مضمرات کو سمجھ لیا۔"

(اکبر الہ آبادی: نو آبادیاتی نظام اور عہد حاضر: شمس الرحمن فاروقی، ص۸)

اکبر الہ آبادی بنیادی طور پر مشرق پرست تھے۔ وہ سمجھتے ہیں کہ مشرق ہی میں سب کچھ ہے۔ ظاہر سی بات ہے کہ ہر انسان کو اپنی پرانی چیزوں سے محبت ہوتی ہے اور اگر اکبر الہ آبادی نے مشرقی تہذیب و تمدن کے تحفظ کے لیے مغربی تہذیب و تمدن کو تسلیم کرنے سے انکار کیا ہے تو کوئی مضائقہ نہیں ہے۔ اسی وجہ سے ہمارے نقادوں نے اکبر الہ آبادی کو قدامت پرست اور نہ جانے کیا کیا کہا ہے۔ جدید تعلیم کے نام ہماری مشرقی تعلیم، روحانی اقدار اور تہذیبی روایات کو کس طرح مٹایا اور تعلیم کو صرف مادیت پرستی کی طرف لے جایا جارہا، ان امور کو پوری شدت کے ساتھ اکبر الہ آبادی نے اپنی شاعری میں جگہ دی ہے۔

اکبر کے تصور مشرق کو ان کے اشعار کی روشنی میں بہتر انداز سے سمجھا جاسکتا ہے۔ اکبر الہ آبادی نے اپنے اشعار میں مشرق و مغرب کے تہذیبی اقدار، تعلیمی نظام، نئے پرانے کی آمیزش اور تعلیم نسواں کو بڑی شدت کے ساتھ پیش کیا ہے۔

ہم ایسی کل کتابیں قابل ضبطی سمجھتے ہیں
کہ جن کو پڑھ کے لڑکے باپ کو خبطی سمجھتے ہیں

جب نئی تعلیم دی جانے لگی تو نئی کتابیں یعنی نئے نصاب کی ضرورت بھی ہوئی۔ اس بات کی طرف اکبر نے اشارہ کیا ہے کہ ایسی کتابوں کو پڑھ کر بچے اپنے والدین کو پاگل، مجنوں اور خبطی سمجھنے لگتے ہیں اور ایسی کتابیں جن سے لوگوں کے ذہن اور سماجی

اقدار میں تنزل آجائے تو انھیں ضبط کر لینا ہی بہتر ہے۔

شیخ مرحوم کا قول اب مجھے یاد آتا ہے
دل بدل جائیں گے تعلیم بدل جانے سے

مذکورہ شعر میں لفظ 'شیخ' کو ایک کردار بنا کر پیش کیا گیا ہے۔ اکبر الہ آبادی شیخ کو مشرقی اقدار کے نمائندے کے طور پر پیش کرتے ہیں یعنی اپنی پرانی چیزوں پر چلنے والا۔ یہاں یہ کہا جارہا ہے کہ شیخ صاحب نے درست کہا تھا کہ تعلیم کے بدل جانے سے دل بھی بدل جاتے ہیں۔ تعلیم کے ذریعے سے انسان کو کسی بھی طرف موڑا جاسکتا ہے اس بات کو اکبر الہ آبادی بخوبی دیکھ اور سمجھ رہے تھے۔ اس کے برعکس یہ کہا جائے تو غلط نہ ہو گا کہ تعلیم انسانوں کے اذہان کو بدل دیتی ہے۔ اس کی جیتی جاگتی مثال ہمیں اپنے آس پاس دیکھنے کو مل جائے گی۔

اکبر الہ آبادی نے جہاں ایک طرف مشرقی تعلیمی نظام، مشرقی تہذیب و تمدن اور مشرقی روایات کو اپنی شاعری میں جگہ دی اور ان کے تحفظ کا بیڑا اٹھایا تو وہیں دوسری طرف مغربی تہذیب و تمدن کو اپنی شاعری کے ذریعے سے طنز کا نشانہ بھی بنایا۔ اکبر الہ آبادی کی شاعری سے مشرقی تہذیب و تمدن کو سمجھا جاسکتا ہے۔

مل کا آٹا ہے نل کا پانی ہے
آب و دانہ کی حکمرانی ہے

بظاہر یہ بہت عجیب شعر معلوم ہوتا ہے لیکن اس شعر میں پورا تہذیبی انہدام دیکھنے کو ملتا ہے۔ 'مل کا آٹا' یعنی چکی کے بجائے مشین کے ذریعے سے گیہوں پیسا جارہا ہے۔ 'چکی' مشرقی تہذیب کا حصہ رہے۔ 'نل کا پانی'، ہمارے یہاں قدیم دور میں نل کا تصور نہیں تھا بلکہ لوگ پانی حاصل کرنے کے لیے کنواں کا سہارا لیتے تھے۔ لیکن موجودہ دور

میں ایسا نہیں ہے۔ کنویں کی تہذیب پورے طریقے سے مٹ چکی ہے۔ نل کے آجانے سے ایک نقصان یہ بھی ہوا کہ پہلے ہم اپنی مرضی سے جب جی چاہا پانی نکال لیے، لیکن اب ہم کسی کے تابع ہو گئے۔

پائپ کوئی کھلا نہیں گھر میں لگی ہے آگ
اب بھاگنا ضرور ہوا غور کیا کریں

یہاں لفظ 'پائپ 'کا استعمال شاعر نے طنز کے طور پر کیا ہے۔ کیونکہ اس کے پس پردہ ہماری پوری کنویں کی تہذیب خطرے میں دکھائی دیتی ہے۔ بلکہ یہ کہا جائے تو غلط نہ ہوگا کہ کنویں کی تہذیب پورے ہندوستانی سماج سے غائب ہو چکی ہے۔ پائپ سے پانی ایک وقت تک ہی آتا ہے، اس کے بعد بند ہو جاتا ہے۔ اس لیے شاعر طنز کستے ہوئے کہتا ہے کہ تمام پائپ بند ہیں اور گھر میں آگ لگی ہوئی ہے، اس پر قابو پانا مشکل ہے۔ دوسرے مصرعے میں اشارہ ہے کہ ایسی صورت حال میں اب انسان صرف ادھر ادھر ہی بھاگ سکتا ہے۔ وہ غور و فکر کرنے کے بھی پوزیشن میں نہیں ہوتا ہے۔ اگر کنواں ہوتا تو شاید آگ پر قابو پا لیا جاتا ہے، لیکن افسوس کہ پائپ کی وجہ سے کنویں کا وجود ہی ختم ہو چکا ہے۔

قمر الدین احمد بدایونی لکھتے ہیں کہ اکبر نے مذکورہ شعر کی توجیہ حسب ذیل بیان کی ہے:

" اکبر نے فرمایا کہ تھوڑا عرصہ ہوا چوک کی دکان میں آگ لگ گئی۔ اس وقت پائپ بند ہونے کی وجہ سے رعایا کا سخت نقصان ہوا۔ میں نے مذکورہ شعر اس خیال سے متاثر ہو کر لکھا تھا۔ اگر اس وقت زمانۂ سابق کی طرح کنویں ہوتے تو آگ بر وقت قابو میں لائی جا سکتی تھی۔ شہروں میں ترمیم دیکھو کہ حکمران طبقہ اور امرا سول لائن میں ہیں۔ غربا

کے لیے زیست کے دن گزارنے کے واسطے شہر کے گندے گوشے علاحدہ ہیں۔ مراد اس سے یہی ہے کہ نہ امیر و غریب یکجا ہوں گے، نہ ایک دوسرے کے دکھ درد سے ہمدردی ہوگی۔"

(بزم اکبر: مولوی قمر الدین بدایونی، ص ۲۰)

اس کے علاوہ اکبر کے تعلق سے لوگوں کے درمیان یہ مشہور ہے کہ اکبر عورتوں کی تعلیم کے خلاف تھے۔ لیکن یہ کہنا غلط نہ ہوگا کہ اکبر عورتوں کی تعلیم کے خلاف نہیں بلکہ وہ عورتوں کی آزادی کے خلاف تھے۔ اس آزادی کے خلاف تھے جس آزادی کی بات انگریز کرتے تھے۔ اس تعلیم کے خلاف تھے جس تعلیم کی بات انگریز کرتے تھے۔ ہمارے سماج میں عورتوں کو دیوی جیسے پاک لفظ سے پکارا جاتا ہے۔ اس کے علاوہ مشرقی تہذیب نے عورتوں کو ایک اعلیٰ مقام عطا کیا ہے۔ اس بات کو بھی اکبر کے کلام کی روشنی میں سمجھنے کی کوشش کی جائے کہ کیا واقعی اکبر عورتوں کی تعلیم کے خلاف تھے یا صرف اور صرف اکبر کے ساتھ اس تہمت کو لگا دیا گیا ہے۔

حامدہ چمکی نہ تھی انگلش سے جب بیگانہ تھی
اب ہے شمع انجمن پہلے چراغ خانہ تھی

جب تک حامدہ نے مغربی تعلیم حاصل نہیں کی تھی یعنی انگریزی نہیں سیکھی تھی، اس وقت تک اس کے چمکنے کا تصور ہی نہیں تھا، یعنی وہ گھر کا چراغ تھی، لیکن جب اس نے انگریزی کی تعلیم حاصل کرلی تو وہ شمع انجمن ہونے لگی۔ محفل میں زیادہ اہمیت کی حامل بن گئی۔ ہماری مشرقی تہذیب میں لڑکیوں کو گھر کے چراغ کی مانند سمجھا جاتا ہے اور ان کو پردے میں رکھا جاتا ہے۔ لیکن انگریزی تعلیم کی وجہ سے آج کی تاریخ میں ہماری لڑکیاں شمع محفل بنی ہوئی ہیں۔ اس تعلیم نے ہمارے تہذیبی اقدار کو پامال کر دیا ہے۔

تعلیم دختراں سے یہ امید ہے ضرور
ناچے دلہن خوشی سے خود اپنی برات میں

مغربی تعلیم جو لڑکیوں کو دی جا رہی ہے یا مغرب سے جو تعلیم ہمارے یہاں آئی ہوئی ہے، اس تعلیم سے صرف بے حیائی اور برائی کے علاوہ اچھائی کی امید نہیں کی جاسکتی ہے۔ جو دلہن ہے وہ خود اپنی شادی میں ناچ رہی ہے۔ ہمارے یہاں آج بھی لڑکیاں شادی کی بات سن کر شرم سے دور چلی جاتی ہیں، لیکن جب سے ہمارے یہاں کی لڑکیوں نے مغربی تعلیم حاصل کی ہے ان کے اندر سے شرم وحیا بالکل ختم ہو چکی ہے۔

مذکورہ بالا جو اکبر الہ آبادی کا ذکر کیا گیا ہے۔ اس سے یہ بات ہر گز نہیں نکالی جاسکتی ہے کہ اکبر عورتوں کی تعلیم کے خلاف تھے۔ بلکہ یہ کہا جاسکتا ہے کہ اکبر اس تعلیم کے خلاف تھے جو معاشرے میں بے حیائی اور بے پردگی کو جنم دے۔ ایک سچے اور محب قوم کی حیثیت سے اکبر الہ آبادی کی دور بیں اور گہری بصیرت ہر لحاظ سے قابل داد ہے۔ اکبر الہ آبادی نے مشرقی تہذیب و تمدن کی بقا کے لیے ہر ممکن کوشش کی ہے۔ ہر آنے والی مصیبتوں سے ہندوستانیوں کو بیدار کیا ہے۔ اس کے فوائد اور نقصانات کے بارے میں بتایا ہے۔ اکبر الہ آبادی انگریزوں کی چال بازیوں کے خلاف تھے۔ انھیں اس بات کا پورا احساس ہو گیا تھا کہ یہ لوگ ہماری صدیوں پرانی تہذیب و تمدن کو پامال کر دیں گے، ہمیں غلامی کی زنجیر میں جکڑ دیں گے اور ہمیں ذہنی غلام بنادیں گے اور یہی ہوا بھی کہ ہندوستانی قوم ایک طرح سے ذہنی غلامی کی زندگی بسر کر رہی ہے۔

اکبر الہ آبادی کبھی بھی ترقی کے خلاف نہیں تھے۔ وہ اپنی شاعری کے ذریعے لوگوں کو بار بار توجہ دلا رہے ہیں کہ غلامی کی زندگی جینے سے بہتر ہے کہ کچھ صنعت و حرفت کی طرف توجہ دی جائے۔ جیسا کہ ہم دیکھ رہے ہیں کہ موجودہ دور میں خاص طور

سے نئی تعلیمی پالیسی میں Vocational Education یعنی پیشہ ورانہ تعلیم کی طرف ہماری حکومتیں خاص توجہ کر رہی ہیں، جبکہ اس بات کی طرف اکبر نے پہلے ہی اپنے اشعار کے ذریعہ بتایا تھا کہ ہمیں ان چیزوں کو سیکھنے اور پڑھنے کی ضرورت ہے جو کہ نا صرف ناموری کا ذریعہ ہوں بلکہ ان سے زندگی کو با مقصد اور آسان بھی بنایا جا سکے۔ نظم کا ایک ٹکڑا ملاحظہ ہو، جس میں وہ نوجوانوں کو صاف صاف تلقین کرتے ہوئے نظر آتے ہیں۔

وہ باتیں جن سے قومیں ہو رہی ہیں نامور سیکھو
اٹھو تہذیب سیکھو، صنعتیں سیکھو، ہنر سیکھو
بڑھاؤ تجربے اطراف دنیا میں سفر سیکھو
خواص خشک و تر سیکھو، علوم بحر و بر سیکھو

اگر یہ کہا جائے تو غلط نہ ہوگا کہ اکبر الہ آبادی کی شاعری ہندوستانی تہذیبی اقدار کا نوحہ ہے۔ اکبر کی اسی ناقدانہ بصیرت اور ماضی و مستقبل شناسی کے مد نظر انھیں ایک عہد ساز شاعر قرار دیا جا سکتا ہے۔

***

۲

میر کی شاعری میں مستعمل تلمیحات اور مضمون آفرینی

عبدالرحمن

خیالات کو ایک دوسرے تک پہونچانے کے عمل کو ترسیل کہا جاہے۔ براہ راست ترسیل خیال میں تحریر، تقریر اور اشارے کو اہمیت حاصل ہے۔یعنی تحریر و تقریر اظہار خیال کے دو ایسے ذرائع ہیں جن میں بیان کی مختلف شکلوں (نثر اور نظم) کی تمیز کی جاسکتی ہے۔ نظمیہ عبارت میں ایجاز و جامعیت کو اولیت حاصل ہے جس کے حصول کے لیے بلاغت کلام میں رائج مختلف صنائع و بدائع کا استعمال کیا جاتا ہے۔ ابوالفیض سحر لکھتے ہیں:

چونکہ شاعری خوب صورت اظہار کا فن ہے اس لیے حسن بیان کی جو قدریں اس میں موجود ہوں گی وہ اس کی جمالیات کا حصہ ہوں گی۔ چنانچہ شاعری میں ایسے پیرایۂ اظہار اور اسلوب بیان کا اہتمام کرنا جو محض ادائے مطلب کے لیے ضروری نہیں بلکہ کلام میں مزید حسن و لطافت اور مزید معنی پیدا کرے صنعت کہلاتا ہے۔

...چونکہ کسی منظر یا حالت یا واقعے یا خیال کے بیان سے شاعر کا مقصد کوئی خاص اثر پیدا کرنا ہوتا ہے۔ اس لیے وہ اپنے انداز بیان کے ذریعے اس منظر یا حالت یا واقعے یا خیال

کے پہلوؤں کو اجاگر کرنے کی کوشش کرتا ہے جس سے وہ مطلوبہ اثر پیدا کرنے میں کامیاب ہو سکتا ہے۔ اس مقصد کے حصول کے لیے صنعتوں کا سہارا اکثر ناگزیر ہو جاتا ہے۔ ۱

مندرجہ بالا اقتباس سے واضح ہوتا ہے کہ شاعری میں حسن و ایجاز پیدا کرنے کے لیے مختلف صنعتوں کا استعمال کیا جاتا ہے۔ چوں کہ شاعری سمندر کو کوزے میں بھرنے کا عمل ہے۔ اس لیے یہاں صنعتوں سے گریز ممکن نہیں بلکہ علم بیان کے ساتھ علم معانی کا کردار اہم ہوتا ہے۔ تلمیح علم معانی کا ایک اہم جز ہے، جس سے کلام میں ایجاز، سلاست، تہداری اور خوبصورتی پیدا کی جاتی ہے۔ بقول ثوبان سعید :

"نثر میں ادیب کو یہ آزادی رہتی ہے کہ وہ اپنے تصورات اور خیالات کو تفصیل اور وضاحت سے پیش کر سکے لیکن شاعر کے لیے آزادی اور رعایت کی جولان گاہ اتنی وسیع نہیں ہوتی۔ اس لیے شاعر سے اس امر کا تقاضا کیا جاتا ہے کہ وہ رموز و علائم، اختصار اور ایجاز کے سر و سامان کے ساتھ وادی شعر کا سفر طے کرے۔ اس زاویے سے 'تلمیح' ایک مہتم بالشان صنعت ہے کہ اس کی مدد سے شاعر بڑی سے بڑی بات کو اور طول طویل واقعات کو چند لفظوں کی مدد سے بہ سہولت ادا کر دیتا ہے۔ "۲

مذکورہ بالا اقتباس سے معلوم ہوتا ہے کہ تلمیح ایک ایسی صنعت ہے جس کے ذریعے کلام میں ایجاز و اختصار کے ساتھ حسن و تاثیر پیدا کیا جاتا ہے۔ متکلم شعری حسن کو برقرار رکھتے ہوئے کم سے کم الفاظ میں زیادہ سے زیادہ معلومات پیش کرنے کا اہل ہو جاتا ہے۔ اور مخاطب بغیر کسی اکتاہٹ کے ان معلومات سے آگہی حاصل کرتا ہے۔ اس صنعت کی بڑی خوبی یہ ہے کہ شاعر تلمیحاتی لفظ اور اس لفظ سے منسوب واقعے کے ذریعے ایک ایسا معنی خلق کرتا ہے جو بسا اوقات نہ تو اس لفظ میں موجود ہوتا ہے اور نہ ہی اس لفظ سے منسوب

واقعے میں بلکہ ان دونوں (لفظ اور منسوب واقعے) کے درمیان ایک باریک رو ہوتی ہے جس کے ارتباط سے موجودہ واقعے میں معانی کا نیا کینوس بلند ہوتا ہے۔ اس عمل کو خیال بندی اور مضمون آفرینی سے تعبیر کیا جاتا ہے۔ مثال کے طور پر میر کا یہ شعر دیکھیں۔

جہاں میں گریہ نہ پہنچا بہم مجھے دل خواہ
پہ نوح کے سے میں طوفاں ہزار لایا ہوں
(میر محمد تقی میر)

شعری لفظیات پر غور کریں تو معلوم ہوگا کہ عاشق وصال یار میں بہر ممکن سرگرداں ہے لیکن محبوب کی طرف سے کوئی ایسا اشارہ نہیں مل رہا ہے جس سے اس کی مراد پوری ہو۔ حد تو یہ ہے کہ معشوق عاشق کی گریہ وزاری سے لاعلم ہے۔ اس لیے عاشق کہتا ہے کہ یہ کیسے ممکن ہو سکتا ہے کہ میرے معشوق کو میری آہ وبکا کی خبر نہ ہو جب کہ شدت عشق کی وجہ سے جو آنسو نکل رہے ہیں اس سے 'طوفان نوح' کا منظر بپا ہے۔ یہاں لفظ 'طوفان نوح' ایک تلمیح ہے۔ متکلم نے نوح (علیہ السلام) کی قوم پر وقوع پذیر طوفان کی تفصیل بتانے کے بجائے صرف 'طوفان نوح' کہہ کر عاشق کے الحاح وزاری کی شدت کو اجاگر کیا ہے۔

ظاہر ہے کہ آنسو سے 'طوفان نوح' کی طرح پوری دنیا کا سیلاب زدہ ہونا ناممکن ہے۔ لیکن اس طوفان میں پانی اتنا زیادہ تھا کہ ساری دنیا اس میں غرق تھی، اس لیے یہاں پانی کی کثرت سے آنسو کی کثرت کا منظر نکالا گیا ہے اور اس منظر سے یہ ثابت کیا ہے کہ محبوب کی تڑپ میں عاشق کا رو رو کر برا حال ہو گیا ہے۔ لیکن اس شعر میں مضمون آفرینی یہ کی گئی ہے کہ جب عاشق کے رونے کی وجہ سے پوری دنیا میں سیلاب نوح (علیہ السلام) کا منظر ہے تو یہ کیسے ممکن ہو سکتا ہے کہ محبوب کو میری جگر سوزی کا علم نہ ہو! سچ تو

یہ ہے کہ اسے مجھ سے کوئی رغبت ہی نہیں۔

معشوق کی اس طرح کی بے وفائی اور بے توجہی کے مفاہیم کو اکثر شعرا نے اپنے اپنے انداز سے برتا ہے لیکن میر کے اس شعر میں جو فنی چابک دستی نظر آتی ہے وہ انھیں کے دوسرے اشعار میں دیکھنے کو نہیں ملتی ہے۔ مثال کے طور پر یہ شعر دیکھیں:

پتا پتا بوٹا بوٹا حال ہمارا جانے ہے
جانے نہ جانے گل ہی نہ جانے باغ تو سارا جانے ہے
(میر محمد تقی میر)

آپ غور کریں تو معلوم ہو گا کہ دوسرے شعر میں موجود عاشق صابر ہے اور قانع ہے۔ جب کہ پہلے شعر کا عاشق جو جھاڑو اور معشوق کی چوکھٹ کی مٹی کھانے والا ہے۔ یعنی پہلے شعر کے عاشق کو یقین ہے کہ اس کی لگن اور محبت کی خبر اس کے محبوب کو مل چکی ہے۔ اس لیے وہ محبوب کی اس لاعلمی پر سوال بھی قائم کرتا ہے۔ جب کہ دوسرے شعر کا عاشق قناعت پسند ہے اور وہ کسی طرح کی کوئی دلیل نہیں دیتا بلکہ کہتا ہے کہ اگر میرا محبوب میری تڑپ کو نہیں سمجھتا ہے تو کوئی بات نہیں معشوق کے تئیں میری تڑپ تو سارے عالم پر آشکار ہے۔

غور کریں تو معلوم ہو گا کہ دونوں ہی شعر کا مضمون ایک ہے۔ لیکن جس شعر میں 'تلمیح' کا استعمال کیا گیا ہے اس کی معنویت اور تہداری کی وسعت زیادہ ہے۔ مختصر لفظوں میں کہا جا سکتا ہے کہ میر نے اس تلمیح کے ذریعے عاشق نامراد کے آنسو بہانے کی کیفیت کو 'طوفان نوح' کی کیفیت سے مشابہت دے کر عاشق کی 'الحاح وزاری' کے ساتھ ساتھ معشوق کے تجاہل عارفانہ پر سوال قائم کیا ہے۔ شمس الرحمن فاروقی نے اسی طرح کی

معنوی ترسیل کو مضمون آفرینی قرار دیا ہے۔ وہ لکھتے ہیں:

"آج میں نے ایک غزال دیکھا،

شیخ جرجانی کہتے ہیں کہ اس متن میں یہ کہا گیا ہے کہ آج میں نے ایک حسین عورت دیکھی، کیونکہ 'غزال' سے حسین عورت کا استعارہ کرتے ہیں... شیخ جرجانی کے خیال میں استعارہ براہ راست معنی کا حامل ہوتا ہے، اس لیے ہم 'غزال' کے معنی 'حسین عورت' قرار دے سکتے ہیں، لیکن خود جرجانی نے کہا ہے کہ 'حسین عورت' کا ترجمہ 'غزال' نہیں ہے اور نہ 'غزال' کا ترجمہ 'حسین عورت' ہے۔ یعنی جب آپ یہ کہیں کہ میں نے ایک حسین عورت دیکھی، تو آپ یہ نہیں کہہ رہے ہیں میں نے ایک غزال دیکھا۔ علیٰ ہٰذا القیاس، یہ درست نہیں کہ جب میں کہتا ہوں 'میں نے ایک غزال دیکھا' تو اس کا ترجمہ 'میں نے ایک حسین عورت دیکھی' ہو سکتا ہے۔ لہٰذا معنی اور مضمون آفرینی ایک ہی شے نہیں ہیں۔

اصل صورت حال یہ ہے کہ ہر متن کسی استعارے، کنائے، یا استعاراتی طرز فکر کو کام میں لاتا ہے۔ مثلاً 'سورج نکلا' کنایہ ہے (۱) رات ختم ہونے کا (۲) صبح ہونے کا (۳) بادل یا تاریکی کے چھٹ جانے کا۔ لہٰذا 'سورج نکلا' میں سورج کے نکلنے کا مضمون ہے اور یہ جن جن چیزوں کا کنایہ ہے، وہ سب اس کے معنی ہیں... پھر یہ تینوں کنایاتی معنی مزید استعاراتی یا کنایاتی جہت کے حامل ہو سکتے ہیں۔ مثلاً 'بادل کا چھٹ جانا کنایہ / استعارہ ہو سکتا ہے ظلم واستبداد کا دور ختم ہو جانے کا۔ مثلاً ہم کہہ سکتے ہیں " لوگ ظلم کے اندھیروں میں سسک رہے تھے۔ جب سورج نکلا تو ان کا رنج دور ہوا"۔ اس کے معنی ہوئے "لوگوں پر ظلم و ستم کی تاریکی (= ظلم و ستم کی لائی ہوئی بے چارگی) حاوی تھی۔ جب وہ ختم ہوئی (ظلم و ستم ختم ہوئے = بے چارگی ختم ہوئی) تو ان کی مصیبت کٹی"۔ لہٰذا

'سورج نکلا' کا مضمون اور معنی برابر نہیں ہیں۔ بلکہ یہاں تو اس فقرے کے معنی کے بھی معنی ہیں۔ ۳

مندرجہ بالا اقتباس پر غور کریں تو معلوم ہوگا کہ جس طرح ایک مخصوص پس منظر میں 'سورج کے نکلنے کا' معنی مختلف ہو جاتا ہے اسی طرح تلمیحاتی الفاظ کے معانی بھی وقت اور حالت کے اعتبار سے بدلتے رہتے ہیں۔ مثال کے طور پر 'رام کہانی' کی تلمیح کے ذریعے 'زندگی میں یکے بعد دیگرے پیش آنے والے مصائب سے دوچار' ہونے کا معنی مراد لیا گیا ہے۔ پھر اس معنی سے 'منازل عشق سر کرنے میں صوفیہ کی زندگی میں دل سوزی اور نفس کشی کی مضمون آفرینی کی گئی ہے۔ شعر دیکھیں۔

فرصت خواب نہیں ذکر بتاں میں ہم کو
رات دن 'رام کہانی' سی کیا کرتے ہیں
(میر محمد تقی میر)

شعر میں مستعمل لفظیات پر غور کریں تو آپ کو کہیں کوئی ایسا لفظ نظر نہیں آئے گا جس سے کسی ایک پریشانی کے بعد دوسری پریشانی میں پڑنے، یا ایک مصیبت سے چھٹکارا ملنے کے بعد دوسری مصیبت میں گھرنے کا معنی پیدا ہوتا ہو، لیکن لفظ 'رام کہانی' پر غور کریں اور 'رام' سے متعلق تاریخی پس منظر کو دیکھیں تو معلوم ہوگا کہ ایک 'شہزادہ' ہونے کے باوجود 'رام' نے مدتوں بن باس کی زندگی بسر کی اور اس میں بھی متعدد پریشانیوں کا سامنا کیا لیکن کہیں ہار نہیں مانی۔

اب ایک صوفی کی زندگی پر غور کریں تو معلوم ہوگا کہ وہ منازل تصوف (عالم ناسوت، عالم جبروت، عالم ملکوت اور عالم لاہوت) کو پار کرنے اور 'عالم لاہوت' تک پہنچنے کے لیے بدروحوں سے مستقل صف آرا رہتا ہے۔ اس لیے 'رام' اور 'صوفی' کی زندگی میں

'مستقل مسائل سے دور چار رہنے' کی ایک مشابہت ہے۔

جس طرح 'رام' اپنے باپ کی خوشی کے لیے پوری زندگی دل سوزی کرتے رہے اور راستے میں حائل تمام مشکلات کا سامنا کرتے رہے۔ اسی طرح ایک 'صوفی' اپنے محبوب کی رضا حاصل کرنے کے لیے ہر طرح کی آرام و آسائش کو ترک کر کے مستقل دل سوزی کرتا ہے۔ اس لیے یہاں 'رضائے رب' کی خاطر اپنی خوشیوں کو قربان کرنے میں 'رام' اور 'صوفی' کی زندگی میں بھی مماثلت ہے۔

چونکہ صوفیہ کی دل سوزی کا معاملہ روحانی ہوتا ہے اور روحانی معاملات کا کوئی منظر نہیں ہوتا' رام کی زندگی کے معاملات ' عوام الناس میں رائج اور مشہور ہیں اس لیے یہاں 'رام کہانی' کے ذریعے عاشق کی زندگی میں ہو رہی روحانی اتھل پتھل کو بیان کیا ہے۔ تاکہ منازل عشق کے حصول میں درپیش دشواریوں کا منظر پیش کیا جاسکے۔

اب 'رام' اور عاشق حقیقی (صوفی) کی زندگی مشابہت اور مماثلت کے بعد شعر کا مفہوم ہوگا کہ جس طرح 'رام' نے اپنے باپ کی خوشی کے لیے محل کی زندگی ترک کر کے 'بن باسی' رہ کر متعدد مصائب کو ہنسی خوشی برداشت کیا اسی طرح ایک عاشق صادق معشوق حقیقی کی طلب میں دنیا وفیہا سے بے نیاز ہو کر منازل عشق سر کرنے میں مصروف رہتا ہے۔ محبوب کی تسبیح واذکار کے علاوہ کسی اور طرف اس کا دھیان نہیں جاتا۔ یعنی مندرجہ بالا شعر میں 'رام کہانی' کی تشبیہ کے ذریعہ رضائے الٰہی کی تلاش میں نفس کشی میں اور استغراق کا مفہوم پیدا کیا ہے۔ اسی قبیل کا ایک اور شعر دیکھیں۔

منزل کی میر اس کی کب راہ تجھ سے نکلے
یاں خضر سے ہزاروں مر مر گئے بھٹک کر

(میر محمد تقی میر)

چونکہ 'خضر' (علیہ السلام) کے بارے میں مشہور ہے کہ وہ راستہ بھٹک جانے والوں کو سیدھا راستہ دکھاتے ہیں اور درست راستہ وہی دکھا سکتا ہے جسے اس وادی کا علم ہو۔ اس لیے خضر صفت لوگوں کے لیے ضروری ہے کہ وہ راستوں کے نشیب و فراز سے واقف ہوں اور جب ایسے لوگ جو دوسروں کو راستہ دکھایا کرتے ہیں وہ خود ہی بھٹک جائیں اور صرف بھٹکیں ہی نہیں بلکہ بھٹک کر مر جائیں تو یہ لازم آتا ہے کہ وہ راستہ پر آشوب ہوگا۔

شعر میں مستعمل لفظیات پر غور کریں تو معلوم ہوگا کہ پورے شعر میں کوئی بھی ایسا لفظ نہیں ہے جس کا لغوی معنی رہ گذر کی دشواری ہو۔ لیکن 'خضر صفت لوگوں کا بھٹک کر مرنا' اس بات کی دلیل ہے کہ اس منزل (وصال یار) کی راہ پر خطر ہے۔ میر نے منازل عشق کی اسی کٹھنائی کو مہمیز کرنے کے لیے یہاں تلمیح کا استعمال کیا ہے۔ ایسی صورت میں شعر کا صحیح مفہوم ہوگا کہ عشق کے منازل طے کرنا آسان کام نہیں اس وادی میں کچھ ہی لوگ 'عالم لاہوت' تک رسائی حاصل کر پاتے ہیں۔

اس تجزیے کی روشنی میں شعری محاسن اور معنی آفرینی پر غور کیا جائے تو معلوم ہوگا کہ میر نے ایک تفصیل طلب مضمون کو چند لفظوں کی مدد سے اس طرح پیش کیا ہے کہ سلاست، سادگی اور حسن بیان میں بھی اضافہ ہوگیا ہے۔ اسی لیے کہا جاتا ہے کہ مضمون آفرینی کے ضمن 'میں علم معانی' کا کردار نہایت اہم ہے۔ جس کی بدولت اشعار میں نئے معنی اور تازہ مضامین کی تخلیق ممکن ہوتی ہے۔ جو کہ میر کی ایک اہم خصوصیت ہے۔ پروفیسر احمد محفوظ لکھتے ہیں:

"اکثر تذکرہ نگاروں نے میر کو 'معنی ایجاد' کہا ہے، اور یہ بھی لکھا ہے کہ میر کو 'معنی بیگانہ' اور 'مضامین تازہ' کی تلاش سے گہرا شغف ہے۔ ملحوظ رہے کہ یہاں معنی ایجاد اور معنی بیگانہ کی تراکیب میں لفظ 'معنی' مضمون کے مترادف کے طور پر استعمال ہوا ہے۔ لہٰذا

ان الفاظ سے بھی یہی ظاہر ہوتا ہے کہ میر صاحب کو نئے نئے مضامین کی تلاش اور مضمون میں نئے پہلو پیدا کرنے کا غیر معمولی شوق تھا۔[۴]

اس اقتباس پر غور کریں تو معلوم ہو گا کہ' نت نئے معانی کی تخلیق ' سے میر کا گہرا شغف ہے اور اس شغف کو بروئے کار لانے کے لیے بلاغت کلام کی مختلف صنعتوں کا استعمال کیا جاتا ہے۔ اس لیے میر نے جہاں تشبیہ، استعارہ، کنایہ اور مجاز جیسی صنعتوں سے معنی آفرینی کی ہے وہیں 'تلمیح' کے استعمال اور اس کے مختلف زاویوں سے معانی کے نت نئے دریچے وا کیے ہیں۔ مثال کے طور پر یہ شعر دیکھیں۔

تیشہ سے کوہکن کے کیا طرفہ کام نکلا
اپنا تو ناخنوں میں اس طور کا ہنر تھا
(میر محمد تقی میر)

اس شعر میں تلمیح کی وجہ سے پیدا ہونے والی فن کاری پر غور کریں تو معلوم ہو گا کہ میر نے یہاں 'تیشۂ کوہ کن' کا موازنہ 'اپنے ناخن' سے کرتے ہوئے مشغلۂ کوہ کن کو کم تر ثابت کیا ہے۔ تا کہ رہ عشق کی دشواری کا ایک مشکل ترین منظر مخاطب کے ذہن میں کھینچا جا سکے۔

کوہ کن (فرہاد) کے بارے میں مشہور ہے کہ انھوں نے کوہ بے ستون تیشے سے کاٹ کر جوئے شیر نکالی تھی۔ پہاڑ کو تیشے سے کاٹنا عام بات ہے۔ لیکن متکلم کا دعویٰ ہے کہ اس میں کوئی نیاپن نہیں ہے۔ بلکہ نیاپن تو تب ہو جب وہ کام تیشے کے بجائے ناخن سے کر دکھایا جائے۔ ظاہر ہے کہ ناخن بدن کا ایک نازک اور کمزور حصہ ہے اس لیے کوہ بے ستون کو ناخن سے کاٹنے والا؛ پھاوڑے سے کاٹنے والے کی بہ نسبت زیادہ جری ہو گا۔ جس سے نتیجہ نکلتا ہے کہ دل سوزی عشق کے سامنے کوہکنی کا عمل کچھ بھی نہیں ہے۔

ایسی صورت میں 'تلمیح' سے ہونے والی معنوی ترسیل پر غور کریں تو معلوم ہوگا کہ شیریں کی طلب میں فرہاد کی مشہور زمانہ کوہ کنی معشوق حقیقی کی طلب میں درکار دل سوزی سے کہیں زیادہ کم ہے۔ یعنی شیریں کے حصول کے لیے فرہاد نے جو دل سوزی کی تھی وہ میری دل سوزی اور نفس کشی کے سامنے کچھ بھی نہیں۔

مختصر یہ کہ میر نے اپنے کلام میں تلمیحات کے بر محل استعمال اور اس میں موجود مناظر سے معنی کی مختلف الجہات دنیا آباد کی ہے۔ لیکن وہ معنوی دنیا لفظیاتی نظام حسن اور خصائص شعری کو کہیں مجروح نہیں کرتی بلکہ ان تمام شعری محاسن کا احاطہ کرتی ہے جس کا قاری متقاضی ہوتا ہے۔

حواشی:

* درس بلاغت، مطبوعہ قومی کونسل برائے فروغ اردو زبان، نئی دہلی، ۱۹۹۷، ص ۳۹

* فرہنگ تلمیحات: ثوبان سعید، مطبوعہ نیو انڈیا آفسیٹ پرنٹرز، نئی دہلی، ۲۰۱۱، ص ۲۴-۲۵

* شعر شور انگیز، جلد چہارم، قومی کونسل برائے فروغ اردو زبان، نئی دہلی، ۲۰۰۸، ص ۳۷

* بیان میر، ڈاکٹر احمد محفوظ، مطبوعہ ایم آر پبلی کیشنز، ۲۰۱۳، ص ۱۱۸-۱۱۹

* * *

۳

اردو شاعری میں رامائن اور گیتا کے اساطیر

سرفراز جاوید

ہندوستان کے بیشتر زبان و ادب پر سنسکرت کا اثر تسلیم کیا جاتا ہے۔ جس سے انکار وانحراف ممکن نہیں۔ اردو، ہندی زبان نے لسانیاتی میلان اور ادبی ضرورتوں کے باعث سنسکرت بھاشا سے بے حد اثرات قبول کیے ہیں۔ اردو ہندی، لسانیات کی رو سے انتہائی یکسانیت کی حامل ہیں، کیونکہ جب ہم اردو ہندی زبان کے مشکل الفاظ کے معنی و مفہوم کی وضاحت سہل زبان میں کرتے ہیں تو ان کے امتیازات مفقود ہو جاتے ہیں۔ ہاں یہ ضرور ہے اردو نے عربی، فارسی اور ہندی نے سنسکرت زبان کی لفظیات اور رسم الخط سے براہ راست استفادہ کیا ہے۔ مگر دونوں زبانوں نے فعلی مادوں، فعلی ترکیبوں، فعلیہ لاحقوں، حروف جار اور شخصی و غیر شخصی ضمائر وغیرہ کو بعینہٖ طور پر ہنوز رائج رکھا ہے۔ ان دونوں زبان میں امتیازی فرق رسم الخط، لفظیات اور معمولی طور پر ابجدی صوتیات کا ہے۔

انیسویں صدی کے ابتدائی دور میں اردو کو ہندی اور ہندوی کے نام سے موسوم کیا جاتا تھا۔ کیونکہ اس سے کئی صدی قبل کبیر داس، ملک محمد جائسی اور تلسی داس وغیرہ جس زبان میں شاعری کرتے تھے، وہ بھاشا اور بھاکا کہلاتی تھی۔ تاریخِ لسانیات کے سیاق میں اردو ہندی کھڑی بولی کا روپ ہیں۔ ماہر لسانیات کی تحقیق کی رو سے یہ بات ثابت ہے

کہ ان دونوں کو ایک دوسرے سے الگ نہیں کیا جاسکتا۔ یہ ضرور ہے کہ اردو پر بیرونی زبانوں کے اثرات زیادہ ہیں مگر ہندی نے خالص ہندوستانی اور عوامی زبان کو اپنے سانچے میں ڈھالا ہے۔

اردو شاعری میں سنسکرت ادب کے اثرات ہندی کے بالمقابل کم مرتب ہوئے ہیں۔ شمالی ہند میں جنوبی ہند کے بالمقابل اردو پر مزید کم اثرات دکھائی دیتے ہیں۔ اردو شاعری کی معروف صنف غزل نے سنسکرت ادب سے براہ راست کم، مگر ہندی کے ذریعے ضرور اثرات لیے ہیں۔ ہاں ہمارے بزرگ اردو ادیبوں نے براہ راست سنسکرت کے بیشتر اہم علمی وادبی سرمایے کا اردو زبان میں ترجمہ کیا ہے۔ مثلاً اتھروید کا نوبت رائے شوخ نے اردو میں ترجمہ کیا ہے۔ رامائن سے متعلق اردو منظوم تراجم کی فہرست ڈاکٹر محمد عزیز اور مظفر حنفی نے رقم کی ہے۔ اس کے علاوہ بھی دیگر تراجم موجود بتائے جاتے ہیں۔ مزید رامائن کے ضمنی واقعات کے تراجم بھی موجود ہیں۔ جیسے برج نرائن چکبست کی نظم 'رامائن کا ایک سین' ظفر علی خاں کی 'ایک رشی کے داغ جگر کی کہانی' تلوک چند محروم کی 'سیتا ہرن' اور شاد عارفی کی 'دسہرا اشنان' وغیرہ۔ گیتا کے تراجم میں 'کشن گیتا، ارجن گیتا' کے نام سے گیارہ صدی ہجری میں سید مبین نے، 'نغمۂ الہام' کے نام سے یوگی راج نظر، 'نسیم عرفان' کے نام سے منشی بشیشور پرشاد منور لکھنوی... بہت سے حضرات نے کیے ہیں۔

ہندو رسم وروایت کی رو سے پرشوتم رام وشنو جی کے ساتویں اوتار تسلیم کیے جاتے ہیں۔ اردو شاعری میں رام کی زندگی کے مختلف پہلوؤں پر بڑے احترام وعقیدت میں نظمیں لکھی گئیں ہیں۔ خواجہ الطاف حسین حالی 'حب وطن' نظم میں رام کے بن باس کا ذکر کرتے ہیں۔ تو انسان کے فطری جذبہ واحساس کا بیان غربت کے پس منظر میں کیا

خوب کرتے ہیں۔

قدر اے دل وطن میں رہنے کی
پوچھے پردیسیوں کے جی سے کوئی
جب ملا رام چندر کو بن باس
اور نکلا وطن سے ہو کے اداس
باپ کا حکم رکھ لیا سر پر
پر چلا ساتھ لے کے داغ جگر
پانو اٹھتا تھا اس کا بن کی طرف
اور کھنچتا تھا دل وطن کی طرف
گزرے غربت میں اس قدر مہ وسال
پر نہ بھولا اجدھیا کا خیال
دیس کو بن میں جی بھٹکتا رہا
دل میں کانٹا سا اک کھٹکتا رہا
تیر اک دل میں آ کے لگتا تھا
آتی تھی جب اجدھیا کی ہوا
کٹنے چودہ برس ہوئے تھے محال
گویا ایک ایک جگ تھا اک سال

علامہ اقبال نے دنیا کی اہم دانشور شخصیتوں کے احترام میں اپنے تاثرات کا اظہار کیا ہے۔ رام کے تعلق سے علامہ کا حسن عقیدت ملاحظہ کیجیے۔

ہے رام کے وجود پہ ہندوستاں کو ناز

اہل نظر سمجھتے ہیں اس کو امام ہند
اعجاز اس چراغِ ہدایت کا ہے یہی
روشن تراز سحر ہے زمانے میں شام ہند
تلوار کا دھنی تھا شجاعت میں فرد تھا
پاکیزگی میں، جوش محبت میں فرد تھا

مولانا ظفر علی خاں ہندوستان کی تہذیبی شناخت، راجہ رام، سیتا اور لکشمن کی شان عظمت کے باعث سمجھتے ہیں۔ وہ اپنے تاثرات کچھ اس طرح پیش کرتے ہیں۔

نہ تو ناقوس سے ہے اور نہ اقسام سے ہے
ہند کی گرمیِ ہنگامہ ترے نام سے ہے

ساغر نظامی نے والہانہ وطن پرستی اور صلح کل طبیعت کے باعث ہندوستان اور رام کو مثالی انداز میں شعری پیکر میں ڈھالا ہے۔

ہند کے مرکز سے نکلی شاہ راہ زندگی
سب سے پہلی ہے یہی تفسیر گاہ زندگی
ہندیوں کو فیض قدرت سے ہوا عرفانِ نفس
جامِ ہندی میں چھلک اٹھی مئے ایقان نفس
ہندیوں کے دل میں باقی ہے محبت رام کی
مٹ نہیں سکتی قیامت تک محبت رام کی
زندگی کی روح تھا روحانیت کی شان تھا
وہ مجسم روپ میں انسان کے عرفان تھا

نظیر اکبر آبادی ہندوستانی مشترکہ تہذیبی روایت کے بڑے شاعر ہیں۔ انھوں نے

اپنے کلام میں باہمی رواداری کی جیتی جاگتی تصویر پیش کی ہے۔ وہ کرشن جی کی پیدائش و بچپن، حیات وزیست اور بانسری کے تعلق سے کیا خوب تاثرات قلم بند کرتے ہیں۔

تھا نیک مہینہ بھادوں کا اور دن بدھ گنتی آٹھن کی
پھر آدھی رات ہوئی جس دم اور ہوا نچھتر روہن کی
سب ساعت نیک مہورت سے واں جنمے آکر کرشن جی
اس مندر کی اندھیاری میں جو اور اجالی آن بھری
اب دیو سے بولیں دیو کی جی مت ڈر بھو من میں کھیر کرو
اس بار اس کو تم گوکل میں لے پہنچو اور مت دیر کرو

نظیر اکبر آبادی کا کرشن جی سے خلوص وعقیدت کا یہ عالم ہے کہ وہ بانسری کے سر کی لے میں اس قدر محو اور بے خود ہو جاتے ہیں۔

جب مرلی دھر نے مرلی کو اپنی ادھر دھری
کیا کیا پریم میت بھری اس میں دھن بھری
لے اس میں رادھے نام کی ہر دم بھری بھری
لہرائی دھن جو اس کی ادھر اور ادھر ذری
سب سننے والے کہہ اٹھے جے جے ہری ہری
ایسی بجائے کشن کنہیا بانسری

حیدرآباد کے مہاراجہ کشن پرساد شاد نے مثنوی 'جلوۂ کرشن' تخلیق کی ہے، جس میں انھوں نے کرشن جی کی مکمل حیات کو اجمالی طور پر قلم بند کرنے کی کوشش کی ہے۔ وہ اس میں ان سے والہانہ عقیدت اور محبت کا خوب اظہار کرتے ہیں۔ انھوں نے مثنوی میں مولود کرشن کو 'صبح صادق' کے عنوان سے کیا خوب سراہا ہے۔

ہشیار کہ شیر کی ہے آمد

عالم کے دلیر کی ہے آمد

بنیادِ ستم کا ڈھانے والا

احکامِ خدا سنانے والا

پیدا ہوا پیشوا مبارک ہو

پورا ہوا مدعا مبارک ہو

اک چادرِ نور تن گئی وہ

اب کنس کی انجمن گئی وہ

مولانا حسرت موہانی اسلامی شعار پرستی کے باوجود کرشن نگری میں دھونی رمانے کے خواہش مند نظر آتے ہیں۔

تن من دھن سب وار کے حسرت

متھرا نگر چل دھونی رمائی

تلوک چند محروم کو قوم، وطن اور مذہب سے بڑی محبت تھی۔ وہ کرشن کی بانسری سے بڑا والہانہ لگاؤ رکھتے تھے۔ انھوں نے نظم 'بانسری کی کوک' میں کیا خوب بیان کیا ہے۔

لعل معجز نما سے بنسی

اے لو وہ شام نے لگا دی

پیدا ہوا اک نفس سے اعجاز

اب اس سے زیادہ کون سا ساز

ہر ایک ترانہ دلربا ہے

جنگل نغموں سے گونج رہا ہے

مرزا جعفر علی خاں اثر نے گیتا کا گہرا مطالعہ کیا اور اس کے عظیم مقاصد کو قلب و جگر میں بسالیا تھا۔ انھوں نے کرشن کی وحدت ایمانی کی تعلیم کو والہانہ محبت کے ساتھ اردو اشعار کے قالب میں ڈھالنے کی سعی کی ہے۔ ان کے نزدیک کرشن کی مرلی سے فضاؤں کو محبت سے سرشار کرنے والے نغمے پھوٹتے ہیں۔ جو خوابیدہ روحوں کو بیدار اور سنوارنے والے ہیں۔

ترا نام پیارا، ترا بول بالا
تری پریت سمرن تری یاد مالا
ہوا من کے درپن میں تجھ سے اجالا
وہ دیوکی کی آنکھوں کا تارا دلارا
کمل نین امرت ہے جس کا اسارا
سری کرشن موہن، منوہر کنہیاں
بہاری مراری مدھر مرلی والا

حفیظ جالندھری کو بھی گوپال کرشن سے بڑا اشغف تھا۔

ترقی پسند شاعر شہاب جعفری کو سری کرشن سے بڑی والہانہ عقیدت تھی۔ انھوں نے کرشن لیلا کو بطور علامت اپنی شاعری میں برتا ہے۔ وہ اپنے بھجن میں راجستھان کی ایک رانی 'میرا' کو سری کرشن سے ہوئے عشق کی واردات کا بیان کرتے ہیں۔ کیونکہ وہ دیوانگی کی حالت میں کرشن کی یاد میں گھوما کرتی تھی۔

یہاں یہ عرض کرنا مناسب ہے کہ اردو شاعری میں فارسی روایت کے اثرات واضح طور پر نظر آتے ہیں۔ لیکن رفتہ رفتہ فارسی روایت کے اثرات کم ہوئے بعد ازاں اردو نے سنسکرت اور ہندی سے بالواسطہ یا بلاواسطہ اثرات قبول کیے اور ہنوز استفادہ

کر رہی ہے۔ اردو شعرا رامائن اور مہابھارت کے اساطیری کرداروں کو اپنے کلام میں برت رہے ہیں۔ یہی وجہ ہے کہ سنسکرت ادب کی تلمیحات یعنی ہندوی تہذیب کو شعوری یا غیر شعوری طور پر اردو زبان و ادب میں برتا جارہا ہے۔ اردو شاعر رامائن اور مہابھارت کے اہم کرداروں سے بخوبی واقف ہیں۔ اردو شاعروں نے عام ہندوئی تہذیب کے مطابق رام اور سیتا کو نیکی اور راون کے کردار کو بدی کی صورت میں پیش کیا ہے۔ اردو شاعری کی سب سے مقبول صنف غزل بھی اچھوتی نہیں ہے۔

جاں نثار اختر حیات و زیست کے حصار میں خود اپنی امیدوں کے اجڑ جانے پر رام کے بن باس جیسا محسوس کرتے ہیں۔

اجڑی اجڑی ہوئی ہر آس لگے
زندگی رام کا بن باس لگے

رفیعہ شبنم عابدی زندگی کی حقیقت کے عملی پہلوؤں کو سمجھتے ہوئے کس خوب صورتی سے رام اور سیتا کے کردار کے ذریعے خیالی دنیا سے گریز کا مشورہ دے رہی ہیں۔

تم کوئی رام نہیں میں بھی نہیں ہوں سیتا
پھر یہ بن باس اٹھانے کی ضرورت کیسی

رفعت سروش بڑے حوصلے کے ساتھ بن باس مانگتے ہوئے نظر آتے ہیں۔

فرشتوں کو تری جنت مبارک
مرے حصے میں تو بن باس لکھ دے

اثر غوری راجہ رام کے بن باس کے مد نظر غزل کے شعر میں کیا خوب حوصلہ دکھاتے ہیں۔

کوئی سچائی دل کے پاس رکھ دو

بدن میں رام کا بن باس لکھ دو

اردو زبان و ادب پر سنسکرت زبان و ادب کے گہرے اثرات ہیں، جو روز افزوں ہیں۔ مگر اب یہ اثرات ہندی کے توسط سے اردو پر مرتب ہو رہے ہیں۔ قدیم دور میں اس کے زیادہ اثرات دکنی اردو ادب پر نمایاں طور پر دکھائی دیتے ہیں۔ ہاں یہ ضرور ہے کہ شمالی ہند کے قدیم اردو ادب پر کم اثرات نظر آتے ہیں، کیونکہ آبرو، حاتم، میر، سودا، خواجہ میر درد، ذوق، مومن اور غالب کے کلام میں سنسکرت کے اثرات قدرے مفقود ہیں مگر بعد کے اردو شعرا کے یہاں بالواسطہ طور پر یہ اثرات وقت کے ساتھ بڑھے ہیں۔

***

۴

اردو شاعری میں تلمیحات کا لفظی اور معنوی آہنگ

محمد عارف

شاعری، مرصع سازی، لفظوں کی متناسب ہم آہنگی، محسناتِ لفظیہ و معنویہ یعنی صنائع و بدائع کا صحیح و درست اور بر وقت استعمال ہے۔ شاعری جذباتی کیفیات کی عکاس اور اظہار خیال کا وسیع میدان ہے۔ شاعری میں چند الفاظ یا اشاروں کا استعمال ہوتا ہے جو کسی پس منظر کی شرح کرتے ہیں۔ انھیں الفاظ کو تلمیحات کہا جاتا ہے۔ یہ تلمیحات چند حرفوں یا لفظوں کا مجموعہ ہیں جو کلام میں لفظ و معنی کا ایک آہنگ پیدا کرتے ہیں جس کی وجہ سے کلام میں غنائیت اور موسیقیت پیدا ہو جاتی ہے۔ ان تلمیحات میں ہر دور کے نقوش پیوست ہوتے ہیں۔ اسی لیے ہر دور میں تلمیحات کو خاصی اہمیت دی جاتی رہی ہے۔ کسی بھی شاعری میں جس طرح الفاظ کا باہم متناسب ہونا ضروری ہے۔ اسی طرح اس میں پیش کیے گئے قصے یا مضمون کا باہم مناسب ہونا بھی لازمی ہے۔ تاکہ کلام کی ترسیل بلیغ انداز سے ہو سکے۔ نظم ہو یا نثر دونوں کا آلۂ کار لفظ ہی ہوتا ہے لیکن یہی لفظ جب شاعری میں استعمال ہوتا ہے تو اس کی اہمیت اور تاثیر بہت بڑھ جاتی ہے۔ کلام میں

بلاغت، شاعری کا ایک اہم عنصر ہے۔ کیوں کہ جو کلام مقتضائے حال کے مطابق ہوتا ہے وہی کلام فصاحت و بلاغت کی معراج ہوتا ہے اور اردو شاعری میں تلمیح کا وجود بھی ایک ایسے ہی عنصر کی طرح ہے۔ تلمیح کی ضرورت اس لیے محسوس ہوئی۔ کیوں کہ ہر عہد میں لوگوں کا لمبے لمبے قصے سننے اور سنانے میں تضییع اوقات ہوتا تھا۔ اس سے چھٹکارہ پانے کے لیے چند الفاظ یا اشاروں کا مجموعہ وجود میں آیا تا کہ لوگ ان اشارات سے مکمل بات سمجھ سکیں اور اس طرح ان اشارات کو تلمیح کا نام دے دیا گیا۔ یہ مختلف مختصر اشارات ہیں جو اپنے اندر قومی، تہذیبی اور تمدنی بازگشت لیے ہوئے ہیں۔ تلمیح نثری قصوں میں بھی ہوتی ہے مگر ان تلمیحات کا اثر شاعری میں جس قدر معانی و مفاہیم پیدا کرتا ہے۔ نثر میں اس کے مقابلے بہت کم ہے۔ کیوں کہ یہ تلمیحی الفاظ ایک ہی شعر میں مختلف حیثیتوں سے لفظی، معنوی اور صوتی آہنگ پیدا کرتے ہیں۔ تلمیحات کی بنیاد ان چیزوں پر ہوتی ہے جو پہلے سے مشہور ہوں۔ کیونکہ یہ خود ساختہ نہیں ہوتیں بلکہ یہ مشہور و معروف واقعات، قصوں اور کہانیوں پر مبنی ہوتی ہیں اور شاعر بس ان سے استفادہ کرتا ہوا نظر آتا ہے۔ "افادات سلیم" میں وحید الدین سلیم نے تلمیح کے بارے میں آسبورن کی یہ بات نقل کی ہے:

" تلمیحات کیا ہیں؟ ہماری قوم کے قدموں کے نشانات ہیں جن پر پیچھے ہٹ کر ہم اپنے باپ دادا کے خیالات، مزعومات، اوہام رسم و رواج اور واقعات و حالات کے سراغ لگا سکتے ہیں۔"

(وحید الدین سلیم، افادات سلیم، سید اشرف حیدرآبادی، ص ۱۱۵)

شمس قیس رازی نے اپنی کتاب 'المعجم فی معائیر اشعار العجم' کے چھٹے باب 'در محاسن شعر و طرفی از صناعات مستحسن کی در نظم و نثر بہ کار دارند' میں تلمیح کا ذکر کیا ہے۔ وہ لکھتا

ہے کہ تلمیح یہ ہے کہ چند الفاظ بہت سارے معانی پر دلالت کریں جس کے ایک نظر میں کچھ معنی نظر آئیں اور دوسری نظر میں کچھ اور جب شاعر تھوڑے الفاظ جو بہت سے معانی و مفاہیم بیان کرتے ہوں ان کا استعمال کرے، تو اس کو تلمیح کہتے ہیں اور یہ صنعت بلغا کے نزدیک اطناب سے زیادہ پسندیدہ ہے۔ قیس رازی کے اس خلاصے سے یہ سمجھ میں آتا ہے کہ تلمیح بلاغت کا اعلی درجہ ہے۔ وہ کہتا ہے کہ کسی کلام میں بلاغت تین قسم کی چیزوں سے پیدا کی جاسکتی ہے۔ 'ایجاز'، 'مسوات' اور 'بسط'۔ جب کلام کے تھوڑے الفاظ بہت سے معانی پر دلالت کریں، تو اس وقت کلام میں ایجاز ہو گا۔ جب کلام کے لفظ و معنی میں ایک تناسب اور برابری ہو تو اس وقت کلام میں مسوات ہو گی اور جب کلام میں کسی معنی کی بہت سے الفاظ کے ذریعے وضاحت کی جائے، تو کلام میں 'بسط' ہو گا۔ یہ بلاغت کی قسمیں ہیں اور صنائع معنوی میں تلمیح ان سب کا نچوڑ ہے۔

تلمیحات کا غائر مطالعہ کرنے سے یہ بات بھی سامنے آتی ہے کہ ان تلمیحات کی اپنی ایک نوعیت ہوتی ہے۔ جیسے نشاطیہ، حزنیہ، قنوطیہ اور جنونیہ وغیرہ جو شاعر اور اس کے کلام کی نفسیاتی کیفیت کی غمازی کرتی ہیں۔ شاعر ہر طرح کی تلمیحات سے شعر میں ایک لطف یا دکھ درد والی کیفیت پیدا کرتا ہے۔ جیسے لیلیٰ و مجنوں کی کہانی سے شاعر اپنے دکھ کا بیان کرتا ہے۔ میر کا یہ شعر دیکھیں جس میں اس نے لیلیٰ اور مجنوں کی تلمیحات سے کس طرح اپنے غم کا اظہار کیا ہے۔

عاشق و معشوق یاں آخر فسانے ہو گئے
جائے گریہ ہے جہاں، لیلیٰ کہاں، مجنوں کہاں

علم بدیع کی صنائع معنویہ کی ساری صنعتوں میں تلمیح وہ صنعت ہے جو سب سے زیادہ فصیح اور بلیغ ہے۔ اس لیے اگر غزل میں تلمیح برتی جائے تو یہ غزل، فصاحت و بلاغت کے

اعتبار سے اعلیٰ درجے کی ہوگی۔ محمود نیازی لکھتے ہیں:

"تلمیحی الفاظ کے رواج سے ادیب اور شعرائ کو آسانیاں فراہم ہو جاتی ہیں۔ وہ اپنے خیالات و افکار سے مناسب سانچوں میں ڈھالنے پر قادر ہو جاتے ہیں اور کم وقت میں زیادہ کام کر سکتے ہیں۔"

(محمود نیازی، دیباچہ، تلمیحات غالب، غالب اکیڈمی، نظام الدین، نئی دہلی، ۱۹۷۲، ص۹)

کہا جاتا ہے کہ جس زبان میں تلمیحات کم ہیں یا بالکل ہی نہیں ہیں تو اِس زبان کی اُن زبانوں کے بالمقابل وہ معنویت نہیں رہ جاتی کہ جن زبانوں میں تلمیحی الفاظ کی کثرت پائی جاتی ہے لیکن اردو شاعری میں تلمیحی الفاظ کی بہت کمی پائی جاتی ہے۔ لے دے کر چند تلمیحاتی الفاظ ملتے ہیں جن میں کثیر تعداد میں الفاظ غیر ملکی زبانوں کے ہیں۔ اس کے علاوہ بھی اس خطے میں جتنے واقعات اور قصص و کہانیاں ملتی ہیں ان کے حساب سے ان کو ادا کرنے کے لیے مختصر اشارات بھی نہیں ملتے جب کہ دوسری زبانوں میں ان کی کثرت پائی جاتی ہے۔ محمود نیازی نے اپنی کتاب 'تلمیحات غالب' میں لکھا ہے:

"ادبی حیثیت سے ان زبانوں کو مالدار سمجھا جاتا ہے جن میں تلمیحات کا استعمال کثرت سے ہوتا ہے۔ انگریزی زبان کی مثال موجود ہے۔ اس میں ہر قوم، ہر مذہب اور ہر لٹریچر کی تلمیحات شامل ہیں اور ان میں برابر اضافہ ہو رہا ہے۔ شاہنامہ فردوسی، گلستاں و بوستاں، الف لیلہ و لیلہ، لیلیٰ مجنوں، شیریں و فرہاد اور اسی قسم کی سیکڑوں مشرقی علوم کی کتابوں سے تلمیحات اخذ کر کے ادبیات یورپ میں داخل کی جا چکی ہیں۔ بر خلاف اس کے ہماری ہندوستانی زبانیں اور خصوصاً اردو کا دامن تلمیحات سے خالی ہے۔ اس کی یہ ظاہر وجہ یہ معلوم ہوتی ہے کہ وقت کی بہتات اور مشاغل کی کمی سے ہم لوگ تفصیلی گفتگو

کے عادی ہو چکے ہیں۔" (ایضا، ص ۹)

اردو شاعری میں بہت سی تلمیحات عربی سے اور بہت سی ایران سے اور کچھ خالص ہندوستانی تلمیحات اردو زبان و ادب میں شامل ہوئی ہیں۔ اردو شاعری میں عربی تلمیحات کی بھرمار نظر آتی ہے اس لیے کہ اردو زبان و ادب پر عربی کے گہرے اثرات مرتب ہوئے ہیں اور عربی الفاظ کا چلن بھی اردو زبان میں زور و شور سے ہونے لگا تھا اسی وجہ سے اردو شاعری میں تلمیحات کے بیشتر الفاظ عربی زبان سے مستعار ہیں۔ عربی زبان میں انبیا کی تلمیحات بہ کثرت پائی جاتی ہیں جن کو اسلامی تلمیحات بھی کہا جاتا ہے اور پھر انھیں تلمیحات کو اردو شعرا نے اپنے کلام کا حصہ بنایا۔ کچھ اسلامی یا قرآنی تلمیحی الفاظ ملاحظہ ہوں:

آدم، یعقوب، یونس، سلیمان، بلقیس، یوسف، ابراہیم، اسماعیل، موسیٰ، عیسیٰ و مریم، لیلیٰ و مجنوں اور قرآن کی آیات و الفاظ وغیرہ جو کسی واقعے کو بیان کرتے ہیں۔ 'آدم' کی تلمیح سے جنت کے لوازمات اور انسان کی پیدائش وغیرہ کی طرف اشارہ ہوتا ہے۔ 'یعقوب' کی تلمیح سے کلام میں گریہ وزاری اور آہ و بکا کی کیفیت پیش کی جاتی ہے اور 'یوسف' سے کمال حسن کی عکاسی اور پیرہن یوسفی میں شفایابی سے تسلی بھی دی جاتی ہے۔ 'یونس' کی تلمیح سے دوسروں کے حق میں جلد بازی سے فیصلہ نہ لینے کی تلقین اور 'ابراہیم واسماعیل' کی تلمیح سے صبر و عشق کے باہمی اختلاط سے عقل کی بے چارگی کو پیش کرنا مقصود ہوتا ہے۔ 'سلیمان' کی تلمیح سے ایک لامحدود اور لازوال طاقت و قوت کی طرف اشارہ کرنا شاعر کا مقصد ہوتا ہے۔ وہیں 'بلقیس' سے عجز کا پیغام دیا جاتا ہے۔ 'نوح' کی تلمیح سے لوگوں کو بدی و بدکاری کے کاموں سے روکنے اور کسی چیز کی کثرت بتانا اور 'موسیٰ' کی تلمیح سے خدا کے نور کو بے پردہ دیکھنے کی تمنا اور اس سے ہم کلامی کا اظہار بھی کیا

جاتا ہے۔ 'عیسیٰ و مریم' کی تلمیحات سے پاک دامنی و پاک بازی کے ساتھ نطق فصیح اور لا علاج بیماری سے شفایابی کی طرف اشارہ ہوتا ہے۔ تلمیحات کلام میں ایک ہی وقت میں بہت سے معانی و مفاہیم پیدا کر سکتی ہیں اور انھیں تلمیحات کے ذریعے شاعر کے کلام کی تاثیر بھی بڑھ جاتی ہے اور ساتھ ہی کلام کے معنوی پہلوؤں پر روشنی بھی پڑ جاتی ہے۔ مثال میں یہ اشعار پیش کیے جاتے ہیں:

نہ چھوڑی حضرت یوسف نے یاں بھی خانہ آرائی
سفیدی دیدۂ یعقوب کی پھرتی ہے زنداں پر
(غالب)

حسنِ یوسف پہ کٹیں مصر میں انگشتِ زناں
سر کٹاتے ہیں ترے نام پہ مردانِ عرب
(احمد رضا خاں)

آگ ہے اولادِ ابراہیم ہے نمرود ہے
کیا کسی کو پھر کسی کا امتحاں مقصود ہے
(اقبال)

ایران سے جو تلمیحات اردو زبان میں آئیں ان تلمیحی الفاظ کی ایک طویل فہرست بن سکتی ہے۔ چند یہ ہیں، جیسے 'جمشید' کی تلمیح سے عیش و عشرت 'ضحاک' کی تلمیح سے کسی حکومت یا شخص کے ظلم و جبر کے عدمِ تحمل سے اس ظلم کی بیخ کنی اور 'فریدوں' کی تلمیح میں محنت کشی، امن پسندی اور مظلوم کی فریاد سنائی دیتی ہے۔ 'کیخسرو' کی تلمیح سے مستقبل میں رونما ہونے والے واقعات کی معلومات کا حصول اور 'رستم' کی تلمیح سے بہادری، 'افراسیاب' کی تلمیح سے توران کا جنگجو بادشاہ، 'نوشیروان' سے عدل و سخا، 'جوئے

شیر' کی تلمیح سے شیریں کی یاد میں پہاڑ کاٹ کر بنائی گئی وہ نہر ہے جو محنت و مشقت اور پیار کی نشانی ہے اور 'فرہاد و شیریں' کی تلمیح سے سچے عشق کی داستان کی طرف اشارہ ہوتا ہے۔ اشعار ملاحظہ ہوں۔

اور بازار سے لے آئے اگر ٹوٹ گیا
ساغر جم سے مرا جام سفال اچھا ہے
(غالب)

لیلیٰ ہے نہ مجنوں ہے نہ شیریں ہے نہ فرہاد
اب رہ گئے ہیں عاشق و معشوق میں ہم آپ
(نوح ناروی)

کاوِ کاوِ سخت جانی ہائے تنہائی نہ پوچھ
صبح کرنا شام کا لانا ہے جوئے شیر کا
(غالب)

خالص ہندوستانی رنگ میں ملبوس تلمیحات بھی اردو شاعری میں دیکھی جا سکتی ہیں جن کو شعرا نے اپنے کلام کا حصہ بنایا ہے۔ جیسے 'رام'، 'سیتا' اور 'راون' کی تلمیحات اگرچہ ایک ہی پس منظر کو پیش کرتی ہیں مگر ان کے ذریعے شاعر الگ الگ احساسات و جذبات کی ترجمانی کرتا ہے۔ کبھی 'رام' اور 'سیتا' کے سچے پریم کی کہانی سنا کر 'راون' کو اس پیار کا دشمن بنا کر پیش کیا جاتا ہے اور کبھی تلمیحاً انھیں الفاظ سے انسانوں کی نفسیاتی کیفیت کی عکاسی بھی کی جاتی ہے۔ یعنی انسان کی ذات میں ایسی خوبی و خامی بیان کرنا مقصود ہوتا ہے۔ 'گوتم بدھ' کی تلمیح سے پرانو گیان کی تلاش و جستجو اور 'گنگا' و 'جمنا' کی تلمیح سے ہندوستانی تہذیب و تمدن اور گہرے معنوی رشتوں کی اہمیت اجاگر ہوتی ہے۔ اس کے علاوہ اور بھی

بہت سی ہندوستانی تلمیحات اردو شاعری کا حصہ ہیں۔

رام و گوتم کی زمیں حرمتِ انساں کی امیں
بانجھ ہو جائے گی کیا خون کی برسات کے بعد
(علی سردار جعفری)

اے آب رود گنگا اف ری تری صفائی
یہ تیرا حسن دل کش یہ طرزِ دلربائی
(سرور جہاں آبادی)

ڈاکٹر مصاحب علی صدیقی نے تلمیحات کے موضوع پر اپنی پی ایچ ڈی کے مقالے 'اردو ادب میں تلمیحات' میں گہرائی اور گیرائی کے ساتھ تلمیحات کی افادیت و مقصدیت پر روشنی ڈالی ہے۔ انھوں نے تلمیح کو کلام کا ایسا جزو بتایا ہے جس کی وجہ سے کلام کا حسن اپنی مکمل رعنائی کے ساتھ جلوہ گر ہوتا ہے۔ یہ تلمیحات کلام کو حسن بخشتی ہیں، کلام میں ایجاز پیدا کرتی ہیں اور کلام کو بلاغت کا مرقع بنا دیتی ہیں۔ ساتھ ہی یہ تلمیحات ہمیں اپنے ماضی سے بھی ہمکنار کرتی ہوئی نظر آتی ہیں۔ وہ لکھتے ہیں:

"تلمیح دراصل ایک فطری تقاضا ہے، وہ سماج کی ضرورت کا ایک سرچشمہ ہے۔ وہ تمدن کا سنگِ میل ہے، وہ ایجاز و اختصار کی ایک اہم کڑی ہے، وہ حسنِ کلام کا مرقع ہے، عروجِ کمال کی کسوٹی ہے جو نہ صرف ایک قدیم صنعت ہے بلکہ دیگر صنائع کے مقابل میں یہ صنعت نہایت دلچسپ، لطیف اور جامع ہے۔"

(مصاحب علی صدیقی، اردو ادب میں تلمیحات، فخر الدین علی احمد میموریل کمیٹی، یوپی، ۱۹۹۰، ص ۱۰)

تلمیحات میں شاعر کی جدت طرازی کا سراغ تلمیح کو استعارہ بنا کر پیش کرنے میں

ملتا ہے۔ اس لیے کلام میں ظاہری اور معنوی حسن کے لیے استعارہ سازی نہایت ضروری ہے۔ تلمیح بھی چند حرفوں کا ایک استعارہ ہی ہوتی ہے جس میں زمانے اور تاریخ کے گہرے نقوش پیوست ہوتے ہیں۔ علم بدیع محسناتِ لفظیہ و معنویہ سے بحث کرتا ہے اور صنائع معنویہ کی اعلی مثال میں تلمیح کو پیش کیا جا سکتا ہے۔ اب رہی یہ بات کہ تلمیح کو اشعار میں کس طرح برتا جائے تو اس کا کوئی باضابطہ قاعدہ کلیہ نہیں ہے۔ پھر بھی اس کے کئی طریقے ہو سکتے ہیں۔

پہلا طریقہ تو یہ ہے کہ تلمیحی الفاظ جس پس منظر میں لائے گئے ہیں وہ واضح ہونا ضروری ہے ورنہ قاری پر اس کا اثر نہیں ہوگا اور اس کا ذہن اس واقعے تک بہ آسانی نہ پہنچنے کی وجہ سے کلام کی معنویت ختم ہو جائے گی جس کے لیے کلام کو پیش کیا گیا ہے۔ اس کی مثال میں غالب کا وہ شعر ہے جس میں انھوں نے ایرانی تہذیب کی طرف اشارہ کیا ہے۔

نقش فریادی ہے کس کی شوخیِ تحریر کا
کاغذی ہے پیرہن ہر پیکر تصویر کا

اگر اس شعر کی وضاحت خود غالب نہ کرتے تو اس شعر میں پیش کی گئی تلمیح بے سود رہ جاتی۔ اس سے بس اتنا سمجھ آتا کہ یہ دنیا اور اس کے اسباب و علل کو حقیقی ثبات نہیں ہے بلکہ سب فانی ہے۔ جب کہ اس شعر کو اس طرح سمجھنا بھی تلمیحی کسر پوری کر دیتا ہے مگر پھر اس کی معنویت کیا رہ جاتی۔ اس طرح کا خیال تو میر تقی میر کے یہاں بھی ہے اور بہت واضح انداز میں ہے۔ اس لیے کلام کی معنویت ان تلمیحی الفاظ سے بہتر ہوتی ہے جن کا پس منظر بہت واضح ہوتا ہے۔

کہا میں نے گل کا ہے کتنا ثبات

کلی نے یہ سن کر تبسم کیا

دوسرا طریقہ یہ ہے کہ اگر ایک ہی شعر میں متعدد تلمیحات کا استعمال کیا گیا ہے تو اب پہلے مصرعے میں تلمیحی لفظ ہو یا دوسرے مصرعے میں یا پھر دونوں مصرعوں میں۔ اس وقت رعایت الفاظ بہت ضروری ہوتی ہے ورنہ اس صورت میں بھی کلام کی معنویت باقی نہیں رہے گی۔ مثال کے طور پر ولی کا یہ شعر ملاحظہ ہو۔

اے سکندر نہ ڈھونڈ آبِ حیات

چشمۂ خضر خوش بیانی ہے

اس شعر میں سکندر، آب حیات، چشمۂ خضر تلمیحی الفاظ ہیں مگر ان میں ایک طرح کی رعایت برتی گئی ہے۔ شاعر نے ذوالقرنین 'سکندر' کی تلمیح سے لوگوں کو یہ تلقین کی ہے کہ آب حیات کی تلاش بے سود ہے۔ کیونکہ خضر بھی اپنی طویل عمر سے عاجز آ چکا ہے۔ اس لیے کم عمر میں نیک کام کر کے مر جانا ہی بہتر ہے۔ اس طرح کے اشعار اس انسان کو بھی اپنی توجہ کا مرکز بناتے ہیں جو بے جا حرص و طمع کی خواہش رکھتا ہے۔ کیوں کہ آخر میں تو موت ہی مقدر بنتی ہے۔ اس طرح شاعر نے تلمیح میں مراعات النظیر کی صنعت سے ایک معنوی اور لفظی ربط پیدا کیا ہے۔

تیسرا طریقہ یہ بھی ہو سکتا ہے کہ ایک ہی شعر میں مختلف تلمیحی الفاظ کا استعمال کیا جائے جو الگ الگ قصوں یا واقعات سے تعلق رکھتے ہوں اور ساتھ ہی ان کا پس منظر بھی الگ الگ ہو۔ لیکن ان کے درمیان ایک مشترکہ خصوصیت ہو۔ اس طرح کے اشعار بھی اردو شاعری میں دیکھنے کو ملتے ہیں۔ جیسے مومن کا یہ شعر اس کی واضح مثال بن سکتا ہے۔

وہی مذہب ہے اپنا بھی جو قیس و کوہ کن کا تھا

نئی راہ افترا ہے کب بھلا مومن نے بدعت کی

'قیس 'و'کوہ کن 'یہ الفاظ اپنے اندر عشق و عاشقی کی پوری تہذیب لیے ہوئے ہیں۔ مومن نے اس شعر میں 'قیس' اور 'کوہ کن' کا ذکر کیا ہے۔ جب کہ یہ تلمیحی کردار الگ الگ قصے سے تعلق رکھتے ہیں۔ مگر ان میں قدر مشترک 'عشق' ہے۔ کیونکہ 'قیس 'و'کوہ کن' دونوں اپنے عشق میں ثابت قدم رہے اور اس طرح دونوں سچے عشق کا مظہر بن گئے۔ مومن نے بھی ان الفاظ کو شعر میں جمع کر کے اپنے روایتی عشقی رویے کی داستان بیان کر دی ہے۔ یہی تو شاعر کا کمال ہوتا ہے کہ وہ کن الفاظ سے مضمون کی ادائیگی میں بہتر معانی پیدا کر سکتا ہے۔ شرف الدین مضمون کا یہ شعر بھی کچھ اسی طرز پر ہے۔

ہم نے کیا کیا نہ ترے عشق میں محبوب کیا
صبر ایوب کیا، گریہ یعقوب کیا

اس شعر میں 'صبر ایوب' سے ایک الگ کہانی مراد ہے اور 'گریۂ یعقوب' سے فراقِ یوسف مراد ہے۔ مگر ان میں قدر مشترک 'عشق' ہے جس میں عاشق کا مقدر، قوت برداشت اور صبر و تحمل کی تلقین کی جاتی ہے کہ عشق میں جو صبر ہے۔ اس میں تو مرتبۂ ایوب تک پہنچ جا اور اس کے فراق میں مرتبۂ یعقوب حاصل کر لے۔ کیوں کہ ایک سچا عاشق اپنے محبوب کے سچے عشق میں سب کچھ کرنے کو تیار ہو جاتا ہے۔ شاعر اپنے کلام کے ایک ہی شعر میں مختلف تلمیحات سے مختلف معانی و مفاہیم اخذ کر سکتا ہے۔ بقول الطاف حسین حالی: کہیں آہوئے مادہ سے آفتاب مراد لی ہے اور کہیں اشک زلیخا سے کواکب اور کہیں آب خشک سے پیالہ، کہیں پنج دریا سے پانچ انگلیاں۔ تلمیحی الفاظ بھی کچھ اسی نہج پر مبنی ہوتے ہیں کہ شاعر ایک ہی تلمیحی لفظ سے کبھی گل و گلشن مراد لیتا ہے تو کبھی اسی لفظ سے محبوب کے رخسار مراد لیتا ہے۔

تلمیح کا اصل کمال غزلیات میں رمزیاتی کیفیت، لفظی حسن اور کلام میں پہلو در پہلو

معنویت پیدا کرنا ہوتا ہے اور شاعر ان تلمیحات کے ذریعے اپنے سامع یا قاری کو تخیل کی ایسی پر اثر وادی میں لے جاتا ہے کہ جس میں اس کی عقل حیرت زدہ رہ جاتی ہے۔ شاعر ہزاروں نت نئے اسالیب اختیار کر کے قاری کو مسحور کرتا ہوا نظر آتا ہے۔ شاعری ہی وہ میدان ہے جس میں صنائع و بدائع کا استعمال کر کے ایک لفظ کے متعدد متناسب اور متضاد معانی پیدا کیے جاسکتے ہیں اور یہ شاعر کا کمال ہوتا ہے کہ وہ ایک لفظ کو شاعری میں برتنے کے لیے کتنے جتن کر سکتا ہے۔ شاعری، شاعر کے موضوعات کے محور میں گھومتی ہے اور موضوعات الفاظ سے پیدا کیے جاتے ہیں۔ موضوع کی مناسبت سے شاعر کے لیے جتنا ہو سکتا ہے۔ وہ انوکھے اور عمدہ مضامین تلاش کر کے ان میں اپنی تخلیقی قوت صرف کر کے قاری کے سامنے پیش کر دیتا ہے اور قاری کا ذوق جمال بھی شعر پڑھتے ہی اس میں پیش کیے گئے مضمون کی معنویت، انوکھا پن، حسن کی کرشمہ سازی اور الفاظ کی مرصع سازی کو جان لیتا ہے۔ اس لیے شاعری کے لیے سنجید گی اور شاعر کے لیے تخلیقی صلاحیت نہایت ضروری ہے۔

تلمیحات ادب کی جان ہیں اور اس ادب کی پہچان بھی ہیں جو بیک وقت قوم کے احوال و آثار، ان کی تہذیب و ثقافت، سماجی ضروریات، معاشی ہم آہنگی اور معاشرتی رہن سہن کو پیش کرتا ہے۔ یہ انسانی زندگی کی عکاس ہیں کہ جب انسان کا رہن سہن اور آپسی ملن ہوا تو یہی تلمیحات ان کو آپس میں کلام کرنے اور ایک دوسرے کی بات کا مفہوم سمجھنے میں مدد گار ثابت ہوتی تھیں۔

✲✲✲

۵

شاعری کے کرداروں کا مطالعاتی تناظر

قسیم اختر

بیانیہ اصناف کی طرح شعری اصناف میں بھی کردار ہوتے ہیں مگر دونوں کے تقاضے الگ ہیں اور دونوں کے مطالعے کا طریقہ بھی الگ۔ اس فرق کو سمجھنے کے لیے پہلے چند کرداروں پر غور کرنا لازمی ہے۔ یہ چند افسانوی کردار؛ شیخ وجودی، ہمایوں فر، بلغان خاتون، نصوح، ظاہر دار بیگ، ہوری، دھنیا گوبر، کالو بھنگی، شمن وغیرہ ہیں۔ پھر شاعری کے چند کرداروں پر نظر ڈالیں: کدم راؤ، پدم راؤ، اکھرناتھ، قطب مشتری، مریخ خان، عطارد، سمن بر، ہمایوں فر، زین الملوک، حسن آرا۔ ان تمام افسانوی اور شاعرانہ کرداروں کے برتاؤ میں یک گونہ مماثلت ہے۔ کیوں کہ باضابطہ ناموں کے ساتھ ان کی تشکیل ہوئی۔ اردو تنقید میں ایسے کرداروں کا کم و بیش مطالعہ کیا بھی گیا۔ مگر جب شاعری کے ان کرداروں کو ابھارا جائے جن کے ناموں کی وضاحت نہیں ہوتی (صیغہ واحد، غائب، جمع، متکلم وغیرہ کے پس منظر والے شاعرانہ کرداروں کا مطالعہ کیا جائے) تو تنقیدی مطالعے کا ایک نیا طریقہ سامنے آئے گا، یہاں اس پہلو پر بھی نظر رہے کہ کلاسیکی شاعری میں چند معروف کردار تھے، مثلاً: عاشق، معشوق، واعظ، پیرِ مغاں، رقیب، وغیرہ۔ یہ بھی واقعہ ہے کہ تمام شاعروں نے ہر کلام میں مذکورہ معروف کرداروں

کے فقط حقیقی معنی مراد نہیں لیے۔ بہت سے مقام پر عاشق کے لفظ سے فقط عاشق ہی مقصود نہیں ہوتا۔ اس لیے یہ کہنا مناسب ہے کہ بیانیہ اصناف کے کرداروں سے شاعری کے کرداروں کا مطالعہ ذرا مختلف ہوتا ہے۔

اس سرسری وضاحت کے بعد کردار کے تاریخی پس منظر پر بھی روشنی ڈالنا مناسب ہے۔ انسائیکلوپیڈیا امریکانا کے حوالے سے پروفیسر نجم الہدیٰ لکھتے ہیں:

"۔۔۔انگریزی میں کیریکٹر براہ راست یونانی لفظ سے مشتق ہے جس کے معنی ہیں: نقش کرنا، کندہ کرنا۔ اسی وجہ سے ابتدا میں یہ لفظ، سکوں پر مہر لگانے کے رنگ کے لیے استعمال ہوتا تھا اور اس صورت کے لیے بھی جس سے مہر ہوتی تھی۔ رفتہ رفتہ اس کا مفہوم وسیع ہو گیا اور اس کے معروف استعمال کی جہتیں مختلف النوع ہوتی گئیں۔ پانچویں صدی قبل مسیح سے کردار نے کسی فرد یا قوم یا کسی تحریری صورتِ اظہار کے ممیز اور انوکھے پہلوؤں کا مفہوم اختیار کر لیا ہے۔"

(نجم الہدیٰ، کردار اور کردار نگاری، شمشاد اختر، میر بخش علی اسٹریٹ، مدراس، ۱۹۸۰، ص ۷)

'کردار' کے یونانی پس منظر کے بعد موجودہ مختلف اردو لغات کی طرف رجوع کرنے سے یہ تمام معانی "روش، طرز، طور طریق، عمل، فعل، چلن، قاعدہ، عادت، رویہ خصلت، اخلاق" برآمد ہوتے ہیں۔ اب ان لغوی معانی کو کردار کے اصطلاحی معنی سے ملائیں تو بہت زیادہ فرق نظر نہیں آئے گا۔ کیوں کہ ادبی اظہار میں 'کردار' کئی حیثیت سے سامنے آتا ہے۔ کبھی کردار کے تناظر میں ماحول کے مطالعے کی کوشش کی جاتی ہے تو کبھی کردار کے مد نظر تخلیق کار کی فن کاری کو موضوع بحث بنایا جاتا ہے۔ اسی طرح کبھی کردار کے مطالعے سے موضوع کو ابھارا جاتا ہے۔ مطالعۂ کردار کے ان رویوں پر غو

کریں تو معلوم ہوگا کہ ان مطالعوں میں بھی کردار کے لغوی معنی کسی نہ کسی سطح پر پوشیدہ ہوتے ہیں۔

اس تاریخی تناظر کے بعد ہم یہ کہہ سکتے ہیں کہ کرداروں کا مطالعہ ایک دل چسپ مطالعہ ہے اور کرداروں کی رنگا رنگی یا کرداروں کے جمود و تحرک کی بنیاد پر ہم شاعروں کے کلام کی شدت وحدت بھی محسوس کر سکتے ہیں۔ معروف ناقد شمس الرحمن فاروقی نے جہاں کلامِ میر کی بہت سی خصوصیات واضح کرتے ہوئے ان کی انفرادیت ثابت کی، وہیں میر کے کلام کے کرداروں کو بھی پیش نظر رکھا اور ان کے ذریعہ میر کی خصوصیت طے کی۔ میر کے کردار کے متعلق وہ لکھتے ہیں:

"میر کا زبردست کارنامہ یہ ہے کہ انھوں نے عاشق کے رسومیاتی کرداروں کو برقرار رکھتے ہوئے اس کو انفرادیت بھی عطا کی ہے۔ اگر وہ باقاعدہ کردار خلق کر رہے ہوتے تو انھیں مثنوی نگار کا منصب ملتا۔۔۔ غالب کے یہاں عاشق کا کردار سراسر رسومیاتی ہے۔ غالب نے اپنی انفرادیت پرستی کو یوں ظاہر کیا کہ انھوں نے عاشق کے رسومیاتی کردار کو اس کی انتہا پر پہنچا دیا۔"

(شمس الرحمن فاروقی، شعر شور انگیز، حصہ اول، قومی کونسل برائے فروغ اردو زبان، نئی دہلی، ۱۹۹۰، ص ۸۰-۸۱)

مضمون کی ابتدا میں بیانیہ اور شعری اصناف کے کرداروں کی تھوڑی سی وضاحت کی گئی اور اب فاروقی صاحب کے اس اقتباس سے کرداروں کے مطالعے کا ایک اہم طریقہ بھی سامنے آ رہا ہے۔ گویا یہ کہنا مناسب ہے کہ ہم شاعری کے کرداروں کا مطالعہ مختلف طریقوں سے کر سکتے ہیں اور کرداروں کی انفرادیت سے شعرا کی انفرادیت بھی طے کی جا سکتی ہے۔ ذیل میں ہم فقط چند متفرق اشعار پر سرسری بحث کریں گے، تاکہ

کرداروں کے مطالعے کا ایک دھندلا سا طریقہ سامنے آجائے۔

ڈگر ڈگر وہی گلیاں چلی ہیں ساتھ مرے
قدم قدم پہ ترا شہر یاد آیا ہے
مخمور سعیدی

شاعری میں افسانوں کی بہ نسبت ذی روح اور غیر ذی روح کردار زیادہ بنتے ہیں۔ افسانوی کرداروں میں بھی غیر ذی روح چیزیں بطور کردار سامنے آتی ہیں، مگر شاعری سے کم۔ مخمور سعیدی کے مذکورہ شعر میں غیر ذی روح کردار ہیں۔ وہ بھی اس طرح کہ 'گلیاں' فاعل بن رہی ہیں اور 'ڈگر ڈگر' مفعول۔ پھر 'تیرا شہر' کا ذکر آتا ہے۔ اس طرح دیکھیں تو 'تین مقامات' بنیادی طور پر کردار بن گئے، مگر 'گلیاں' فاعل کی حیثیت سے مضبوط کردار ہے۔

مذکورہ شعر میں ایک شہر کو دیکھ کر دوسرے شہر کو یاد کرنا بھی اپنے آپ میں یاد کا نفسیاتی پہلو رکھتا ہے۔ اس لیے یہ کہا جاسکتا ہے کہ نفسیاتی معاملات سے جہاں فن پارے کے موضوعات پر بحث کی جاسکتی ہے، وہیں کردار کی تخلیق کا معاملہ بھی اٹھایا جاسکتا ہے۔

خیر، مذکورہ شعر میں مقامات کردار بن رہے ہیں۔ ان مقامات کے علاوہ دو کردار اور ہیں۔ ایک خود شاعر ہے جو کہہ رہا ہے اور دوسرا وہ فرد جس سے کہا جارہا ہے۔ گویا اس شعر میں "ذی روح اور غیر ذی روح دونوں کردار بن کر سامنے آئے۔ ذیل میں ایسے دو اشعار پیش کیے جارہے ہیں جن میں ذی روح کردار کا پلڑا بھاری ہے۔

گلاب اس نے آنسوؤں میں ڈبو دیے تھے
میں اُس کے نزدیک سر جھکائے کھڑا تھا
عتیق اللہ

اس شعر میں فقط دو کردار ہیں۔ ایک 'اس' صیغہ واحد غائب۔ دوم، 'میں' صیغۂ متکلم۔ اس طرح دیکھیں تو شعر میں کردار کم ہیں مگر عتیق اللہ نے ان کرداروں میں انتہائی جدت پیدا کر دی۔ اس شعر کو 'محبت، تعظیم' کے پس منظر میں سمجھ سکتے ہیں۔ پہلے "گلابی رنگ کی سرخی، خون کے آنسو، پھر سر جھکا کر کھڑا ہونا" پر غور کیجیے۔ اس پہلو سے شعر کی غمگینی واضح ہوتی ہے، یعنی ایک کردار نے دوسرے کردار کو گلاب کا پھول تو دیا، مگر پھول دینے والے نے کچھ دنوں کے بعد پھول لینے والے کا دل توڑ دیا۔ جب عشق میں دل ٹوٹ جائے تو خون کے آنسو رونا پڑتا ہے۔ اس نکتے پر آکر گلاب کا خون ہوتا ہے اور 'گلاب کا یہ خون' خون کے آنسو کی شکل میں بہہ جاتا ہے۔

دوسرے مصرعے کو اس طرح سمجھنے کی کوشش کیجیے کہ پھول دینے اور لینے والے کرداروں کے درمیان ناچاقی ہوگئی ہو اور پھر دونوں کی اتفاقیہ ملاقات ہو جائے۔ اب پھول لینے والا، پھول دینے والے کردار کے سامنے خوب روئے اور گلاب، خون کے آنسو بن کر بہہ جائے۔ ان کی تفہیم اس طرح بھی ہو سکتی ہے کہ دو کردار ہیں، جو کبھی قریب آئے، مگر کسی وجہ سے وہ دونوں دور ہو گئے، پھر تیسرے مرحلے میں کہیں ملاقات ہوئی۔ اس موقع پر ایک کردار نے شکوہ کیا اور دوسرا سر جھکائے نادم کھڑا رہا۔ ہو سکتا ہے کہ ندامت کے آنسو بہانے والے کردار نے اپنے شکوہ سنج محبوب کو دوبارہ اپنا لیا ہو۔ اس طرح چوتھا مرحلہ وجود میں آجاتا ہے۔ عتیق اللہ کے اس شعر کا مطلب چاہے کچھ اور ہو، مگر اس شعر سے کرداروں کے مطالعے کا ایک نیا طریقہ بھی سامنے آتا ہے اور ایسا محسوس ہوتا ہے کہ محبت اور نفرت کے مسئلے کو شاعر نے کرداروں میں بڑی خوب صورتی سے پیش کر دیا ہے۔

سلسلہ میرے سفر کا کبھی ٹوٹا ہی نہیں

میں کسی موڑ پہ دم لینے کو ٹھہرا ہی نہیں

سلطان اختر

دانستہ طور پر سلطان اختر کے اس شعر کا انتخاب کیا گیا ہے جو کئی معنوں میں عتیق اللہ کے مذکورہ شعر سے بالکل مختلف ہے۔ سلطان اختر کے اس شعر میں بہ ظاہر ایک ہی کردار ہے۔ وہ 'میں' واحد متکلم ہے، مگر گہرائی سے دیکھیں تو اس شعر میں کئی کردار ہیں۔ شعر کے دونوں مصرعے "میرے سفر۔۔۔ میں کسی موڑ" سے ایک ہی فرد واضح ہوتا ہے لیکن سوال یہ ہے کہ شاعر کس سے کہہ رہا ہے کہ میرے سفر کا سلسلہ منقطع نہیں ہوا؟ کیا وہ خود سے کہہ رہا ہے؟ کیا دوستوں کی ایک بڑی جماعت سے وہ مخاطب ہے؟ اگر شاعر خود سے مخاطب ہے تو خود شاعر کے اندر دو کردار ابھر رہے ہیں۔ ایک وہ کردار جو بول رہا ہے اور دوسرا جو سن رہا ہے۔ اسی طرح شاعر کسی محفل سے مخاطب ہے تو اس شعر میں بہت سے کرداروں کی شمولیت از خود ہوگئی۔ عتیق اللہ کے مذکورہ شعر سے دو کرداروں کے علاوہ بھی کردار دریافت کیے جاسکتے ہیں، مگر سلطان اختر کے مذکورہ شعر میں جہاں بہت سے کردار ابھر سکتے ہیں، وہیں اس میں خود کلامی کا عنصر بھی ہے۔

کیا حادثہ ہوا ہے جہاں میں کہ آج پھر
چہرہ ہر ایک شخص کا اترا ہوا سا ہے

شہریار

شہریار کے اس شعر میں کردار کا ایک الگ رنگ ہے۔ اول، 'کیا حادثہ' یعنی کس قسم کا حادثہ ہوا۔ دوم، سوالیہ انداز میں کہ کیا کوئی حادثہ ہوا ہے۔ شاعر جس فرد سے یہ سوال کر رہا ہے، وہ فرد بھی ایک کردار کی حیثیت رکھتا ہے اور اس کردار کی اسی وقت وضاحت ہو سکتی ہے جب اس شعر کی قرأت کئی طرح سے کی جائے۔ گویا اس شعر میں کردار کو

دریافت کرنے کا ایک الگ طریقہ موجود ہے۔

آؤ پھر آج کریدیں دل افسردہ کی راکھ
آؤ سوئی ہوئی یادوں کو جھنجھوڑا جائے

ملک زادہ منظور احمد

سلطان اختر کے اوپر والے شعر میں فقط گنجائش تھی کہ وہ کسی محفل کے کرداروں سے مخاطب ہیں اور کہہ رہے ہیں کہ میں کسی موڑ پر ٹھہرا ہی نہیں، مگر ملک زادہ منظور احمد کے اس شعر میں خطابیہ انداز ہے، یعنی جب خطاب ہو گا تو از خود بہت سے کرداروں کی شمولیت ہو جائے گی۔

بطور مثال یہاں پر فقط پانچ اشعار پیش کیے گئے اور ان اشعار میں کرداروں کی کیفیت اور انداز الگ الگ بھی ہے۔ اردو میں افسانوی کرداروں پر معمولی توجہ دی گئی، مگر شاعری کے کرداروں پر نہیں۔ اگر شاعری کے کرداروں کا مطالعہ کیا بھی گیا تو فقط مثنوی کے کرداروں کا، غزلیہ کرداروں کا مطالعہ خال خال ہی نظر آتا ہے۔ پھر مثنوی کے کرداروں کا مطالعہ بھی بہت خوب نہیں ہوا۔ سید محمد عقیل رضوی نے لکھا ہے:

"۔۔۔ان تمام منظوم و غیر منظوم افسانوں میں کردار کو کوئی خاص اہمیت حاصل نہیں رہی۔۔۔ اس کا سب سے بڑا سبب اردو ادب میں ابتدا سے ڈراموں کے نہ ہونے میں تلاش کیا جاسکتا ہے۔"

(سید محمد عقیل، شمالی ہند میں، اردو مثنوی کا ارتقا، اتر پردیش اکادمی، لکھنؤ، ۱۹۸۳، ص ۳۲۰)

ظاہر سی بات ہے کہ مثنوی کے کرداروں کا بھی مطالعہ بہتر طریقے سے نہیں کیا گیا تو غزلیہ کرداروں کی روایت کیسے مستحکم نظر آئے گی لیکن اب ہمیں افسانوی کرداروں

کے ساتھ ساتھ غزلیہ کرداروں پر بھی توجہ دینی چاہیے تاکہ مطالعے کا ایک اور بہتر طریقہ سامنے آئے۔

کرداروں کے اس سرسری مطالعے سے میرا مقصد یہ نہیں تھا کہ کسی شاعر کی فوقیت ثابت کی جائے اور نہ ہی اس مختصر مضمون میں اس کی گنجائش ہے۔ البتہ اس میں کئی حوالوں سے کرداروں کی بحث آگئی اور شعری کرداروں کی انفرادیت بھی واضح ہوئی:

اول: اردو میں شعری کرداروں کا مطالعہ کم ہوا ہے۔ ایسا شاید اس لیے ہوا کہ ڈراموں کی شروعات ہمارے یہاں تاخیر سے ہوئی یا پھر ہمارا ابھی کچھ تساہل رہا۔

دوم: افسانوی کرداروں میں انسان زیادہ ہوتے ہیں، مگر شاعری میں انسانوں کے ساتھ وقت اور حالات بھی کثرت سے کردار بنتے ہیں۔

سوم: کرداروں سے زمانے کے نشیب و فراز بھی ابھرتے ہیں۔ ہمارے دور میں جو سیاسی اتھل پتھل ہے، اس کا اثر شاعری کے کرداروں میں بھی نظر آتا ہے۔ یہی وجہ ہے کہ شاعروں کے اسلوب میں مزاحمت کی بازگشت بھی سنائی دیتی ہے۔ سماج کے طرز عمل، افتادِ طبع اور ذہن و مزاج سے تخلیق کار کوئی نہ کوئی رنگ منتخب کرتا ہے اور اسی میں اپنے تخیل سے رنگ آمیزی کرتا ہے اور اسی رنگ آمیزی سے ادبی کردار تشکیل پاتے ہیں۔

چہارم: یہ کہنے میں کوئی تامل نہیں کہ اسلوبیات اور لفظیات کے مطالعے سے جس طرح لسانی مباحث ابھرتے ہیں، اسی طرح کرداروں کے مطالعے سے بھی مختلف النوع انکشافات ہوسکتے ہیں۔ کیوں کہ لفظیات کا تعلق جہاں بیانیہ سے ہوتا ہے وہیں مکالموں سے بھی ہوتا ہے۔ ظاہر ہے جہاں مکالمے ہوں گے، وہاں ازخود کردار بھی ابھر کر سامنے آئیں گے مگر ہمارے ادبی اور تنقیدی رویوں میں کرداروں کے مطالعے کا کوئی خاص اہتما

م نہیں ملتا۔ بہ مشکل تمام افسانوی کرداروں پر نظر ڈالی جاتی ہے اور اس کی بھی کوئی مضبوط و مستحکم روایت نہیں۔

٭٭٭

۶

بسنت: خسرو کی شاعری کے حوالے سے

شریف احمد قریشی

موسمِ سرما میں شدید سردی کے باعث نباتات پژمُردہ اور حیوانات کی طبیعتیں منقبض ہو جاتی ہیں۔ بسنت رُت یعنی موسمِ بہار میں سیلانِ خون کے سبب طبیعتوں کا شگفتگی، جوش اور اُمنگ سے بھر جانا عین فطرت ہے۔ اس موسم میں آفتاب سمتِ دکن سے طرب انگیز سامان کے ساتھ پلٹتا ہے اور نباتات و حیوانات میں تازہ زندگی کی روح پھونک دیتا ہے۔ پیڑ پودوں کی شاخوں پر سبز کونپلیں نمودار ہونے لگتی ہیں۔ چڑیوں کے مسحور کُن نغمے اور نیچر کا بہار راگ غم ناک و نم ناک فضاؤں کو خوش گوار بنا دیتا ہے۔

بسنت رُت یعنی موسمِ بہار کا استقبال کرنے کے لیے ماگھ کے مہینے کی پانچویں تاریخ کو نہایت دھوم دھام سے جشن کا آغاز کیا جاتا ہے جسے بسنت پنچمی کہتے ہیں۔ یہ جشن کہیں ایک ہفتے اور کہیں پندرہ دنوں تک مسلسل چلتا رہتا ہے۔ مخصوص مندروں اور بعض مقامات پر بسنت کے میلوں کا انعقاد نہایت دھوم دھام سے کیا جاتا ہے۔ اس دن وشنو اور کام دیو یعنی موکلِ عشق کی پرستش کی جاتی ہے۔ خیال کیا جاتا ہے کہ اسی دن علم کی دیوی سرسوتی کا اس عالمِ رنگ بو میں ظہور ہوا تھا۔ اس لیے اس دن کو سرسوتی دیوی کے یومِ پیدائش کے طور پر بھی منایا جاتا ہے۔

امیر خسرو سے پہلے مسلمانوں میں بسنت اور بسنت کے میلوں کے انعقاد کا دستور نہ تھا۔ خسرو وہ پہلے مسلم ہیں جنہوں نے دہلی میں تیرہویں صدی عیسوی میں بسنت کے جشن کی شروعات کی۔ اس کے بعد صوفیاے کرام بالخصوص خاندانِ چشتیہ سے وابستہ بزرگانِ دین کی مزاروں، درگاہوں اور خانقاہوں میں بسنت کے جشن اور میلے نہایت دھوم دھام سے منعقد کیے جانے لگے جس کا سبب یہ ہے کہ امیر خسرو کے پیر و مرشد حضرتِ نظام الدّین اولیاء اپنے بھانجے تقی الدّین نوح کو اس قدر چاہتے تھے کہ ذرا دیر کی مفارقت بھی انہیں ناقابلِ برداشت ہوتی تھی۔ تقی الدّین نوح کو بھی اپنے ماموں حضرتِ نظام الدّین اولیاء سے بے حد اُنس تھا۔ وہ ہر نماز کے بعد دُعا مانگتے تھے کہ اُن کی عمر اُن کے ماموں کو لگ جائے تاکہ اُن کے روحانی فیض کا چشمہ عرصۂ دراز تک جاری رہے مگر مشیتِ ایزدی کہ ایک روز اچانک وہ اُٹھتی جوانی ہی میں اس جہانِ فانی سے اُٹھ گئے۔ نظام الدّین اولیاء کو اپنے بھانجے کے انتقال کا اس قدر رنج و ملال ہوا کہ وہ گُم صُم رہنے لگے۔ تقریباً چھ ماہ کا عرصہ اسی کیفیت میں گزر گیا۔ امیر خسرو اپنے مُرشد کی اس حالت سے نہایت فکرمند تھے اور ہر لمحہ کوشش کرتے تھے کہ کسی طرح اُن کا غم غلط ہو۔

ایک روز حضرتِ نظام الدّین اولیاء اپنے مریدوں اور مصاحبین کے ساتھ تالاب کی سیر کو نکلے۔ کسی وجہ سے امیر خسرو پیچھے رہ گئے۔ راستے میں اُن کی نظر ایک جمِّ غفیر پر پڑی۔ بسنت پنچمی کا دن تھا۔ کالکاجی کے مندر کے احاطہ میں بسنت کا میلہ لگا ہوا تھا۔ بیشتر شرکاء زرد لباس زیبِ تن کیے ہوئے موجِ مستی اور عقیدت کے عالم میں گا بجا رہے تھے۔ وہ دیوی کو خوش کرنے اور اُس کی رضامندی حاصل کرنے کے لیے سرسوں کے پھولوں کے ہار، گجرے اور پھولوں سے سجی ہوئی گاگریں نذر کر رہے تھے۔ امیر خسرو کو اُسی وقت خیال آیا کہ وہ بھی اپنے مغموم و رنجور مُرشد کو اسی طرح خوش کر سکتے ہیں۔

اُنھوں نے اُسی وقت فارسی اور ہندی زبان میں کچھ اشعار موزوں کیے۔ اس کے بعد اپنی دستار کو کھول کر کُچھ پیچ ادھر اُدھر لٹکائے، اُن میں سرسوں کے پھولوں کے گچھّوں کو اُلجھا کر جھومنے لگے اور یہ مصرع کہ "اشک ریز آمدہ است بہار" کو لحنِ خاص میں بار بار پڑھتے ہوئے تالاب کی سمت روانہ ہوئے۔ حضرتِ نظام الدّین اولیاء اُس وقت اپنے بھانجے کی مزار پر تھے اُنھوں نے دور سے ملاحظہ کیا کہ آج امیر خسرو عجیب رنگ میں ہیں۔ مستانہ چال اور معشوقانہ انداز میں خراماں خراماں نیم بے خودی کی حالت میں اُن کی طرف بڑھ رہے ہیں تو وہ بھی اپنے آپ کو نہ روک سکے اور اپنے رنج و غم کو بھُلا کر جیسے ہی خسرو کی جانب بڑھے تو خسرو نے آبدیدہ ہو کر اُن کی طرف دیکھتے ہوئے بے تابانہ انداز میں یہ شعر پڑھا۔

اشک ریز آمدہ است بہار
ساقیا گل بریز بادہ بیار

دوسرے مصرع کے سُنتے ہی حضرتِ نظام الدّین اولیاء بے قرار و بے تاب ہو گئے اور ایسے مدہوش ہوئے کہ اُسی رنگ میں رنگ گئے۔ اس کے بعد رفتہ رفتہ بیشتر صوفیاے کرام کی مزاروں، درگاہوں اور خانقاہوں میں بسنت کی گاگریں چڑھنے لگیں اور میلے لگنے لگے۔ لوگ ہاتھوں میں کنول کے پھول اور گڑوے لیے ہوئے تقی الدّین نوح کی مزار پر جاتے ہیں اور قوّال ٹھمریوں کو پڑھ پڑھ کر خسرو کے مصرع "عرب یار توری بسنت منائی" کو بار بار والہانہ انداز میں پڑھتے ہیں۔

امیر خسرو نے مسلمانوں میں بسنت کو رواج ہی نہیں دیا بلکہ بسنت کے تعلّق سے کئی قابلِ قدر اور ناقابلِ فراموش گیت بھی لکھے جو عوام و خواص میں حد درجہ مقبول ہوئے۔ اُن کے گیت بسنت کی تقریبات میں نہایت ذوق و شوق سے پڑھے جاتے ہیں۔ دیکھیے وہ

بسنت کے موقع پر کس انداز سے اپنے پیر و مرشد حضرتِ نظامِ الدّین اولیاء سے گویا ہوتے ہیں۔

موہے اپنے ہی رنگ میں رنگ لے
توتو صاحب مرا محبوبِ الٰہی
موہے اپنے ہی رنگ میں رنگ لے
ہمری چنریا، پیا کی پگڑیا
وہ تو دونوں بسنتی رنگ دے
توتو صاحب مرا محبوبِ الٰہی
جو کچھ مانگے رنگ کی رنگائی
مورا جوبن گرویں رکھ لے
توتو صاحب مرا محبوبِ الٰہی
آن پڑی دربار تہارے
موری لاج شرم سب رکھ لے
توتو صاحب مرا محبوبِ الٰہی
موہے اپنے ہی رنگ میں رنگ لے

حضرتِ نظام الدّین اولیاء سے روحانی فیض حاصل کرنے والوں میں امیر خسرو کو اوّلیت و افضلیت حاصل ہے۔ پیر و مرشد کی تربیت ہی کی وجہ سے وہ کئی سال تک صائم الدہر رہے اور عشقِ الٰہی کی سوزش میں تپتے رہے۔ صوفیانہ اندازِ نظر میں انسان دوستی اور باہمی رفاقت کی اہمیت مسلّمہ ہے۔ یہی وجہ ہے کہ خسرو کے تخلیقی مزاج میں انسانیت اور ہندوستانیت پائی جاتی ہے۔ اُن کی صوفیانہ فکر بے جا تکلّفات سے مبرّا ہے۔ وہ رواداری اور

وسیع النظری کا پیکر تھے۔ انسانیت اُن کا مذہب تھا۔ وہ طبقاتی امتیازات اور عقائد کے بندھنوں سے آزاد باہمی یگانگت اور صلحِ کُل کے علم بردار صوفی منش شاعر تھے۔ اُنہوں نے ہندوستانی رسم ورواج اور بالخصوص ہندوؤں کے تیوہار بسنت سے متعلّق نہایت خلوص، یگانگت اور جوش وولولے کے ساتھ اپنے افکار کا اظہار کیا ہے۔ اُنہوں نے عوام کی بول چال اور گفتگو کو اشعار کے پیکر میں ڈھال کر عوامی زبان کو فروغ دیا۔ پریم مارگی سنت اور صوفی اپنے گرو، مرشد یا مالکِ حقیقی کو پیا اور خود کو اُس کی بِرہیا یا دیوانی تصوّر کرتے ہیں۔ بسنت سے متعلّق خسرو کے بیشتر گیت اسی نظریے کے عکّاس و آئینہ دار ہیں۔ ملاحظہ فرمائیے۔

آج بسنت منالے سُہاگن، آج بسنت منالے
انجن منجن کر پیا موری، لمبے نیہر لگائے
تو کیا سووے نیند کی ماتی، سو جاگے تیرے بھاگ سُہاگن
آج بسنت منالے سُہاگن، آج بسنت منالے
اونچی نار کے اونچے چتون، اَیسو دیو ہے بسائے
شاہِ امیر تو ہے دیکھن کو، نینوں سے نینا ملائے
آج بسنت منالے سُہاگن، سہاگن آج بسنت منالے

امیر خسرو کی شاعری میں بسنت رُت کی جو سرشاری و بے خودی نظر آتی ہے وہ موسمِ بہار سے متعلّق فارسی شاعری میں دوُر دوُر تک نظر نہیں آتی۔ یہاں کی بسنت رُت ایسی فصلِ بہار ہے جسے سرتاجِ موسم کا درجہ حاصل ہے۔ کھیتوں میں سرسوں پھوُلنے، آموں کے درختوں پر بَور آنے کے مناظر اور کوئَل کی نغمہ سنجی سے سُننے والوں کے نہ صرف دل بے کل ہو جاتے ہیں بلکہ وہ بَورا سے جاتے ہیں۔ گوریاں سنگار کرتی ہیں اور سجے

ہوئے گڑووں کو لے کر مندروں میں جاتی ہیں۔ اس منظر کو امیر خسرو اپنے پیرو مُرشد کو مخاطب کرتے ہوئے اس طرح بیان کرتے ہیں۔

سکل بن پھوّل رہی سرسوں، امبوا بَورائے، ٹیسو پھولے
کوئل بولے ڈار ڈار اور گوری کرت سنگار
ملنیا گڑھوالے آئیں کرسوں، سکل بن پھوّل رہی سرسوں
طرح طرح کے پھول کھلائے، لے گڑھوا ہاتھن میں آئے
نجاموڈّیں کے درواجے پہ آون کہہ گئے عاشقِ زار
اور بیت گئے برسوں، سکل بن پھوّل رہی سرسوں

یہی نہیں وہ آئندہ آنے والی بسنت رُت میں چادر کی علامت سے خود کو پوری طرح رنگ دینے کا اظہار اپنے پیرو مُرشد سے اس طرح کرتے ہیں۔

توری صورت کے بلہاری، رکھ لے لاج ہماری
سب سکھین میں چدّر میری میلی، دیکھ ہنسیں نرناری
اب کے بہار چدّر میری رنگ دے، رکھ لے لاج ہماری
صدقہ بابا گنج شکر کا، رکھ لے لاج ہماری
قطب فرید مل آئے براتی، خسرو راج دلاری، رکھ لے لاج ہماری
کوؤ ساس کوؤ نند سے جھگڑے، ہم کو آس تمہاری، رکھ لے لاج ہماری

بسنت کے تیوہار سے متعلّق امیر خسرو کا ایک اور گیت کی شمولیت 'جواہرِ خسروی' میں ہے جس کا روئے سخن اگرچہ اُن کے پیر و مرشد حضرتِ نظام الدّین اولیاء کی طرف ہے مگر ہندوستانی کلچر، ہندوستانی تیوہاروں سے دلچسپی اور ہندوستان سے گہری وابستگی و محبت کا اظہار یہ ہے۔ تصوف کے رنگ میں ڈوبے ہوئے اس گیت کے چند بند بطورِ نمونہ

پیش ہیں۔

حضرت کھاجہ سنگ کھیلے دھمال

باءِس کھا جا مل ہن بن آیو تالے

حضرت رسول صاحب جمال

حضرت کھاجہ سنگ کھیلے دھمال

عرب یار تیرو بسنت بنایو

سدا رکھےّ لال گُلال

حضرت کھاجہ سنگ کھیلے دھمال

مختصر طور پر کہا جا سکتا ہے کہ امیر خسرو نے بسنت سے متعلّق اپنی منظوم نگارشات کے ذریعے دو قوموں کی تہذیب و معاشرت، رواداری اور باہمی اتحاد کو فروغ دینے میں ناقابلِ فراموش کارنامہ انجام دیا ہے۔

***

۷

امیر خسرو کی موسیقی اور شاعری

جعفر دانش

انسانی تہذیب و تمدن کی تاریخ میں سیکڑوں نام ایسے افراد کے ملیں گے جنھوں نے اپنی ذاتی قابلیت کی مدد سے اپنا نام ہمیشہ کے لیے جریدۂ عالم پر ثبت کر دیا۔ ایسے لوگوں کی مقبولیت کے اسباب کا تجزیہ کوئی آسان کام نہیں۔ یہ لوگ اپنے جذبۂ ایجاد کے بل پر اپنے ہم عصر انسانوں پر ہی نہیں بلکہ ہر زمانے کے آدمیوں پر فوقیت حاصل کرنے میں کامیاب ہو جاتے ہیں۔ انگریزی کی ایک مثال ہے

"Jack of All trades master of none" یعنی تنوع کمال کا منافی ہے"۔ لیکن یہ مثال اوسط درجے کی قابلیت رکھنے والوں پر صادق آتی ہے۔ صدیوں میں افلاک کی گردشِ دوام سے کوئی نہ کوئی جامع شخصیت پیدا ہو ہی جاتی ہے جو اس عام قاعدے سے بالاتر ہوتی ہے۔ ایسے ہی خوش قسمت لوگوں میں سے ایک حضرت امیر خسرو بھی ہیں۔

حضرت امیر خسرو کے قبیلے کا نام 'ہزارۂ لاچیں' تھا۔ یہ قبیلہ ہنگامہ چنگیزی کے زمانے میں 'ماوراء النہر' سے ہجرت کر کے تیرھویں صدی عیسوی میں ہندوستان میں آکر مقیم ہو گیا۔ حضرت امیر خسرو کے والد کا نام 'امیر سیف الدین محمود' تھا جو بہت بڑے

جنگجو تھے۔ اُس زمانے میں دہلی کے تخت پر شمس الدین التمش متمکن تھا جسے بہادر سپاہیوں کی ضرورت تھی۔تو امیر سیف الدین نے مع اپنے ساتھیوں کے بادشاہ کی ملازمت اختیار کرلی اور دہلی کے قریب ہی اک مقام پٹیالی میں مقیم ہوگئے۔ ہندوستان میں آنے کے بعد امیر سیف الدین نے عماد الملک کی بیٹی سے شادی کرلی اور اس شادی سے امیر خسرو پٹیالی میں پیدا ہوئے۔ ابھی اس ہونہار لڑکے کی عمر آٹھ سال ہی تھی کہ والد کا سایہ سر سے اُٹھ گیا۔ نانا عماد الملک ان کے سرپرست بنے۔ نانا کی نگرانی میں خسرو نے اُس زمانے کے تمام علوم وفنون میں دسترس حاصل کی۔

خسرو کا شمار عام طور پر شعرا کی صف میں ہوتا ہے۔ لیکن صرف وہ شاعر نہ تھے بلکہ کئی علوم وفنون میں یکتائے روزگار تھے۔ ایسے ہی فنِ موسیقی میں انھیں اس قدر مہارت حاصل تھی کہ اُس زمانے کے اُستاد بھی انھیں اپنا استاد مانتے تھے۔ موسیقی اور شاعری کا ہمیشہ ساتھ رہا ہے تاہم یہ ضروری نہیں کہ ہر شاعر موسیقی داں بھی ہو۔

میں اپنے اس مضمون میں خسرو کی شاعری اور موسیقی پر روشنی ڈالنے کی کوشش کروں گا۔ خسرو اپنے بچپن کا ذکر کرتے ہوئے لکھتے ہیں "اس کمسنی میں بھی جب میرے دودھ کے دانت ٹوٹ رہے تھے اشعار میرے منہ سے موتیوں کی طرح جھڑتے تھے۔" شاعری میں خسرو کا کوئی استاد نہیں تھا۔ انھوں نے استادی شاگردی کے قدیم سلسلے کا خود کو پابند نہیں کیا۔ برخلاف اس کے فنِ شعر میں مہارت حاصل کرنے کے لیے مشہور اساتذہ کے کلام کا ہمیشہ مطالعہ کرتے تھے۔ انہی استادوں کے نقشِ قدم پر چلنے کی کوشش کے سبب امیر خسرو کے کلام میں ان سب کا رنگ نمایاں طور پر جھلکتا ہے۔ امیر خسرو کا زیادہ تر کلام فارسی زبان میں ہے لیکن انھیں ترکی، عربی، ہندی، سنسکرت اور ہندوستان کی اور کئی زبانوں پر بھی عبور حاصل تھا۔ سوائے شیخ سعدی کے (جو فارسی کے بہت بڑے

شاعر تھے) اور کوئی فارسی شاعر ایسا نہیں گزرا جو خسرو کی طرح عوام میں مقبول ہو۔ ایران کے بڑے بڑے شعرا جو ہندوستان کے کسی بھی شاعر کو خاطر میں نہیں لاتے تھے۔ یہاں تک کہ غالب کو بھی جنھیں اپنے فارسی کلام پر بہت ناز تھا۔ خسرو کی منفرد ذات ہے جن کے شاعرانہ کمالات کا لوہا ایران کے ہر دور کے شاعروں نے مانا ہے۔ اور انھیں 'طوطئ ہند' کے خطاب سے بھی نوازا ہے۔ خسرو خود اپنے بارے میں کہتے ہیں کہ "میرے منہ سے اشعار اتنی جلدی نکلتے تھے کہ قلم میرا ساتھ نہیں دے سکتا تھا" خسرو کی غزلوں میں سوز و گداز ہے۔ یہی وجہ ہے کہ خسرو کا زمانے سے اب تک قوالی کی محفلوں میں قوال زیادہ تر خسرو کے کلام گاتے ہیں۔ جہانگیر بادشاہ نے اپنے روزنامچہ میں لکھا ہے کہ اس کے عہد کے مشہور ملا علی احمد نے ایک دفعہ قوالوں کو خسرو کا یہ شعر پڑھتے ہوئے سنا:

ہر قوم راست راہی دینی و قبلہ گاہی
ماقبلہ راست کردیم بر طرف کج کلاہی

اور اُن پر ایسا اثر ہوا کہ وہ فوراً گر کر مر گئے۔ خسرو چونکہ خود موسیقی دان بھی تھے اس لیے وہ اپنی غزلوں کی بحریں اور الفاظ ایسے تلاش کرتے تھے جن کا تعلق موسیقی سے ہوتا تھا۔ یہی وجہ ہے کہ ان کی غزلوں میں ایک خاص روانی اور ترنم ہے۔

عوام الناس میں جو شہرت انھیں حاصل ہے وہ یا تو حضرت نظام الدین کے شاگرد کی حیثیت سے یا پھر ان کے ہندی کلام کی وجہ سے۔ اُس دور میں فارسی ہندوستان کی سرکاری زبان تھی اور ہندی ابھی ابتدائی دور سے گزر رہی تھی۔ اسی وجہ سے امیر خسرو نے اپنے ہندی کلام کو کبھی جمع نہیں کیا بلکہ دوستوں میں تقسیم کر دیا۔ ان کے ہندی کلام سے جو کچھ ہم تک پہنچا ہے وہ یا تو بعض شوقیون کی بیاضوں کی بدولت یا زبانی روایت کے ذریعے۔ ان کے کلام میں دو زبانوں یعنی فارسی اور ہندی کی آمیزش بھی پائی جاتی ہے۔

جیسے:

اری اری ہمہ بیاری اری
ماری ماری برہ کہ ماری اری

امیر خسرو کے دو ایسے دوھے جو عوام الناس میں انھیں مقبول کیے ہوئے ہیں وہ درجِ ذیل ہیں

خسرو رین سہاگ کی جاگی پی کے سنگ
تن میرو من پیو کو دو دھؤ اک رنگ
گوری سوئے سیج پر اور مکھ پر ڈارے کیس
چل خسرو گھر آپنے رین بھی چودیس

خسرو کی علمِ موسیقی میں مہارت کے متعلق کسی شک و شبہ کی گنجائش نہیں۔ کیوں کہ اپنی تصانیف میں خود خسرو نے اس کا ذکر نمایاں طور پر کیا ہے۔ خسرو نے علمِ موسیقی میں ایسا کمال حاصل کیا تھا کہ انھیں 'نائک' کا لقب بھی ملا تھا۔ ایک قدیم سنسکرت کتاب 'مانک سوہل' جس کا فارسی میں ترجمہ اورنگ زیب کے زمانے میں ایک 'امیر فقیر اللہ' نامی شخص نے کیا تھا اور اس کا نام راگ درپن رکھا تھا۔ اس کتاب میں لکھا ہے کہ خسرو کے زمانے میں ایک جگت استاد نائک گوپال تھا جن کو نیچا دکھا کر خسرو نے نائک کا لقب حاصل کیا تھا۔ اس میں یہ بھی لکھا ہے کہ خسرو اپنے ساتھیوں کے ساتھ بادشاہ کے تخت کے نیچے چھپ کے بیٹھ کر گانا سنا کرتے تھے۔ جب خسرو کو گانے کی فرمائش ہوتی وہ وہی گانے جو نائک گوپال سے سنا کرتے تھے گا دیتے تھے۔ راگ درپن کی یہ روایت زیادہ قابلِ اعتماد نہیں ہو سکتی بلکہ کسی کی من گھڑت معلوم ہوتی ہے۔ بادشاہ کے تخت کے نیچے چھپ کر بیٹھنا اور وہ بھی تنہا نہیں بلکہ اپنے ساتھیوں کے ساتھ ایک عجیب مضحکہ خیز معلوم ہوتی

ہے۔ علاوہ ازیں خسروؒ کے زمانے کے کسی مورخ نے یا خود انھوں نے اس واقعہ کا ذکر نہیں کیا نہ ان کے زمانے کے کسی موسیقی داں کا نام نائک گوپال کہیں مذکور ہے۔ برخلاف اس کے اکبر کے عہد میں اس نام کے ایک استاد کا پتہ چلتا ہے۔ کچھ عجب نہیں کہ 'مانک سوہل' یا راگ درپن میں غلطی سے اسی ناٹک گوپال کو خسرو کا ہم عصر فرض کر لیا گیا ہو۔

خسرو کو موسیقی میں ایرانی اور ہندوستانی دونوں اصولوں میں مہارت حاصل تھی۔ فارسی راگ راگنیوں کے نام بکثرت اُن کی تصانیف میں موجود ہیں اور متعد جگہ ہندی راگوں کے بھی نام پائے جاتے ہیں۔ اب سوال پیدا ہوتا ہے کہ خسرو نے ہندوستانی موسیقی میں کس حد تک تصرف کیا اور کیا نئی چیزیں پیدا کیں۔ عام طور پر یہ کہا جاتا ہے کہ مشہور ہندوستانی ساز ستار کے موجد وہی تھے۔ یہ روایت اس لحاظ سے قرین قیاس بھی معلوم ہوتی ہے کہ خسرو کا زمانہ ہندوستانی اور ایرانی تہذیب کے باہمی اختلاط کا زمانہ تھا۔ 'ستار' وینا اور طنبور کے اصول اور ساخت کی ترکیب سے بنا ہے۔ وینا جو ہندوستانی ساز اور طنبور ایرانی ساز ہے تو اسی وجہ سے ستار کی ایجاد کا سہرا امیر خسرو کے سر بندھا۔ لیکن اس کے ساتھ یہ روایت اس بنا پر کمزور بھی سمجھی جاسکتی ہے کہ امیر خسرو نے اس نام کے ساز کا ذکر کہیں نہیں کیا۔ جبکہ موسیقی کے دوسرے آلات کے نام اور اپنی تصنیف میں بیان کیے ہیں۔

ہندوستانی موسیقی میں امیر خسرو نے ایک ایسا انقلاب پیدا کر دیا تھا کہ وہ ایک نئے مسلک کے بانی سمجھے جاتے تھے۔ واجد علی شاہ اپنی کتاب صورت المبارک میں فرماتے ہیں خسرو نے ہندوستانی موسیقی میں ایک بڑا تغیر پیدا کر کے ایک نئے اسکول کی بنا قائم کی تھی۔ موسیقی کے ہزاروں سال کے پرانے اصول میں ترمیم و اصلاح کر کے اسے جدت

بخشی تھی۔ صورت المبارک میں خسرو کی کچھ ایجادوں کی تفصیل دی گئی ہے۔ اسی تفصیل کو میں بھی یہاں درج کرتا ہوں۔ ترانہ، چھند، قول، پربند، گیت قلبانہ، نقش اور نگار خسرو کی ایجاد کردہ ہیں۔ کہتے ہیں چھوٹا خیال کے بھی وہی موجد تھے۔ راگ درپن کی روسے انھوں نے کچھ نئے راگوں اور تالوں کے بھی موجد تھے جو ذیل میں درج ہیں۔

راگوں میں

مجیر : یہ راگ غارااور فارسی راگ سے مرکب ہے۔

ساز گوری: پوربی، گورا، کنگلی اور ایک فارسی راگ سے مرکب ہے۔

ایمن: ہنڈول اور بنیٹر میز سے مل کر بنا ہے۔

موافق: توڑی، مالوی، دودگاہ و حسینی

عشاق: سارنگ اور بسنت اور نوا

زیلف: کھٹ راگ میں شہناز کو ملایا ہے

سرپردہ: سارنگ، بلاول، اور راست سے مرکب ہے

فرودست: کانہڑا، گوری، پوربی اور ایک فارسی راگ

فرغنہ: کنگلی اور گورامیں فرغانہ ملایا ہے

باخرز: دیسکار میں ایک فارسی راگ ملایا ہے۔

تالوں میں جھمرا، ترپتال، آڑا چار تال، پستو، سول فانک امیر خسرو کی ایجاد کردہ ہیں۔

امیر خسرو کی بات جہاں آتی ہے وہیں ان کے پیر و مرشد حضرت نظام الدین اولیاء کا ذکر ناگزیر ہو جاتا ہے۔ اس زمانے کے مشہور مورخ برنی کے بیان کے مطابق حضرت نظام الدین کا روحانی اثر بہت وسیع تھا۔ سبھی طبقے کے لوگ آپ کے ارادت مند تھے۔

یہاں تک بادشاہ بھی اپنی پریشانیوں کے وقت آپ کی خانقاہ میں حاضری دیتے تھے۔ خسرو بھی ان خوش قسمت لوگوں میں سے تھے۔ جو حضرت نظام الدین کی بزرگی کے معترف اور ان کے فیضِ صحبت سے بہرہ مند تھے۔ حضرت نظام الدین خسرو کو بے حد عزیز رکھتے تھے۔ ایک روایت کے مطابق آپ فرماتے ہیں کہ ایک قبر میں دو آدمیوں کو دفن کی اجازت ہوتی تو میں چاہتا خسرو کو میرے ساتھ دفن کیا جائے۔ حضرت نظام الدین اولیا کے اقوال کو جمع کر کے خسرو نے ایک رسالہ ترتیب دیا تھا جس کا نام افضل الفواید ہے۔ حضرت نظام الدین اولیاء کا جب انتقال ہوا اس وقت خسرو شاہی لشکر کے ساتھ جنگی مہم پر گئے تھے۔ جب دہلی میں آئے تو یہ اندوہناک خبر سن کر رنج و غم سے وارفتہ ہو گئے، کپڑے پھاڑ ڈالے اور منہ پر کالک مل کر ان کی قبر کی زیارت کو پہنچے وہاں آپ نے یہ دوھا پڑھا اور بے ہوش ہو کر گر گئے کہ

گوری سوئے سیج پر اور مکھ پر ڈارے کیس
چل خسرو گھر آپنے رین بھئی چو دیس

اپنے پیر و مرشد کے انتقال کے بعد خسرو زیادہ عرصے تک زندہ نہیں رہے۔ طبیعت افسردہ ہو چکی تھی۔ چنانچہ ۱۸ شوال ۷۲۵ھ کو وہ بھی اس دنیا سے ہمیشہ کے لیے رخصت ہو گئے۔ خسرو کو حضرت نظام الدین اولیا کی قبر کی پائنتی میں دفن کیا گیا۔

***

۸

برج نرائن چکبست کی شاعری میں حب الوطنی کے عناصر

ممتاز احمد خاں

اردو زبان میں ابتدا سے ہی بلکہ زمانۂ آفرینش سے جمہوری اور انسانی اقدار کی پیش کش پائی جاتی ہے۔ اس زبان نے ہمیشہ سماج میں مثبت اقدار اور اخلاقی و انسانی تعلیمات کے ذریعے کلچر کی تعمیر و تشکیل میں حصہ لیا ہے۔ اردو کا سارا ادبی و شعری سرمایہ اس بات کا گواہ ہے کہ اس میں ہندوستانی کلچر کے بہترین عناصر کی شرکت و شمولیت ہے۔ اردو کے شاعروں اور ادیبوں نے اعلیٰ انسانی قدروں کی ہر دور میں تبلیغ کی ہے۔ اردو خود مشترکہ کلچر کی پیداوار ہے۔ ہند ایرانی کلچر کے خوبصورت عناصر و اجزا سے اس کی تشکیل ہوئی ہے اور اس کی شاعری اور ادب کی آبیاری میں ہندوؤں، مسلمانوں اور سکھوں بلکہ تمام ہندوستانیوں کا حصہ ہے۔ ولی، میر، سودا، درد، آتش، ناسخ، ذوق، غالب، مومن، داغ، انیس، اقبال، فیض، شاد عظیم آبادی، جوش اور حسرت موہانی کے متوازی اور پہلو بہ پہلو دیا شنکر نسیم، پنڈت رتن ناتھ سرشار، پنڈت برج نرائن چکبست، درگا سہائے سرور جہاں آبادی، تلوک چند محروم، رگھوپتی سہائے فراق، پنڈت دتاتریہ کیفی، آنند نرائن مُلا،

کرشن چندر، راجندر سنگھ بیدی، جگن ناتھ آزاد، کرشن موہن، رام لعل، جوگندر پال، آنند موہن زتشی گلزار دہلوی، بلراج کومل وغیرہ کے نام آسمانِ ادب پر روشن ستاروں کی مانند جگمگا رہے ہیں۔ چنانچہ اردو شاعری اور ادب سے معاشرے میں ہمیشہ امن اور شانتی، محبت و اخوت، انسانی ہمدردی، انصاف و عدل، مساوات اور قوانین کی پابندی و پاسداری کی فضا پیدا ہوئی ہے۔ معاشرے کے مختلف طبقات میں ہم آہنگی اور باہمی تعلقات میں رواداری، تعاون اور خوش خلقی کو فروغ ہوا۔ ہندوستان کی پانچ چھ سو سال کی تاریخ اس بات پر گواہ ہے کہ سماج کے ہر طبقے کے افراد نے ملک کی تعمیر و ترقی میں حصہ لیا اور صدیوں سے بھائی چارے کے ماحول میں زندہ رہنے کی مثال قائم کی۔ ایسی رواداری اور پُر امن ماحول دنیا میں شاید ہی کہیں اور دیکھنے کو ملے گا۔ اردو کے جید ادیب و مبصر علی جواد زیدی نے اردو کی اسی خصوصیت پر مندرجہ ذیل لفظوں میں روشنی ڈالی ہے۔

"یہ کہنا ایک حقیقت کو دُہرانا ہے کہ خود زبان اردو یک جہتی کی پیداوار ہے۔ ابتدا سے اس میں ہماری رنگا رنگ تہذیب کی گنگا جمنی خصوصیات جھلکتی رہی ہیں۔ اس میں سنسکرت نے اپنا رس گھولا ہے، برج بھاشا، کھڑی، اودھی، مراٹھی، گجراتی، تیلگو، بنگالی، سندھی، پنجابی، پشتو، فارسی، ترکی، عربی، انگریزی، فرانسیسی، پُرتگالی، لاطینی، یونانی، چینی اور روسی نے اپنا بانکپن اور اپنی عظمت و وسعت سموئی ہے۔ یہ ہر تبدیلی اور انقلاب کی خاموش شاہد ہی نہیں بلکہ اچھائیوں کو سمیٹنے اور اندرونی کثافتوں کو دور کرنے کے لیے ہمیشہ آمادہ و تیار رہی ہے۔ آج بھی کشادہ دامنی سے لبیک کہہ رہی ہے اور نئے پھولوں کے لیے اپنے دامن میں جگہ بنا رہی ہے۔ لیکن اس کے باوجود اس کا الگ مزاج ہے، وہ مزاج جو مختلف روایات کے امتزاج سے بنا ہے اور جو رُکنے اور تھمنے کے بجائے آگے بڑھتا ہے، جو مسلسل ارتقا پر ایمان رکھتا ہے، جو ترقی کی کسی شکل کو حرفِ آخر نہیں سمجھتا۔

ان معنوں میں اردو کی تاریخ یک جہتی کی تحریک کی تاریخ بھی ہے۔"

(مضمون 'اردو میں یک جہتی کی روایت'، مشمولہ ماہنامہ شاعر، بمبئی، قومی یک جہتی نمبر، ص ۱۴۴)

اردو شاعری کا ابتدائی دور دکن سے شروع ہوتا ہے۔ اردو کے پہلے صاحبِ دیوان شاعر محمد قلی قطب شاہ کی تخلیقات کے مطالعے سے یہ معلوم ہوتا ہے کہ ان کی شاعری میں ہندوستانی عناصر اور قومی یکجہتی کے اجزا وافر مقدار میں پائے جاتے ہیں۔ ان کے بعد ولی دکنی، سراج اورنگ آبادی، فائز دہلوی او دیگر شاعروں کے یہاں یہ روایت پھلتی پھولتی اور فروغ پاتی ہے۔ قومی یک جہتی اور ہندوستانی طرزِ احساس کی واضح اور طاقت ور عکاسی نظیر اکبر آبادی کے یہاں نظر آتی ہے۔ نظیر نے ہندوستانی معاشرت اور کلچر پر بے شمار نظمیں لکھیں جن کی کوئی مثال ہندوستان میں کسی اور زبان کے شاعر کے یہاں نہیں ملتی۔ نظیر کی روایت کو محمد حسین آزاد، مولانا حالی، اسمٰعیل میرٹھی، سرور جہان آبادی اور برج نرائن چکبست نے پروان چڑھایا۔ میرے اس مقالے کا موضوع 'پنڈت برج نرائن چکبست کی شاعری' ہے، اس لیے میں اپنی گفتگو کو ذیل کی سطور میں چکبست کی شاعری تک ہی محدود رکھوں گا۔

مناسب معلوم ہوتا ہے کہ چکبست کی شاعری پر گفتگو سے قبل ان کی سوانح حیات مختصراً لکھ دی جائے۔ پنڈت برج نرائن چکبست فیض آباد کے ایک خوشحال کشمیری برہمن خاندان میں ۱۸۸۲ میں پیدا ہوئے۔ ان کا خاندان بعد میں لکھنؤ آکر آباد ہو گیا۔ ان کے والد پنڈت اُودِت نرائن چکبست بھی شعر کہتے تھے۔ ان کا تخلص یقین تھا۔ چکبست کم عمری ہی سے بے حد ذہین اور مطالعے کے شوقین تھے۔ انھوں نے قانون کی تعلیم پائی اور لکھنؤ کے ممتاز وکلا میں ان کا شمار ہوتا تھا۔ انھوں نے اساتذۂ اردو کے کلام کا

بہت وسیع اور گہرا مطالعہ کیا تھا۔ شعر کے رموز و نکات پر گہری نظر رکھتے تھے۔ شرر لکھنوی سے 'گلزارِ نسیم' کے موضوع پر ان کا معرکہ بہت مشہور ہے۔ اہلِ نظر جانتے ہیں کہ اس معرکے میں چکبست کا پلّہ بھاری تھا۔ چکبست کا مجموعۂ کلام 'صبحِ وطن' ان کی وفات کے بعد شائع ہوا اور بعد میں 'کلیاتِ چکبست' کے نام سے ان کے کُل کلام کا مجموعہ بھی چھپ گیا۔ اس کلیات کو کالی داس گپتا رضا نے مرتب کیا تھا۔ پھر ان کی نثری تحریروں کا ایک مجموعہ 'مضامینِ چکبست' کے نام سے آیا۔ ان کے مضامین کے مطالعے سے ان کی علمیت، قابلیت، تنقیدی شعور اور ادبی، سماجی و تاریخی حالات و واقعات پر ان کی نظر کا اندازہ ہوتا ہے۔ چکبست پر میر انیس کے اثرات صاف نظر آتے ہیں۔ فراق گورکھپوری کا خیال ہے کہ چکبست کی شاعری انیس کی انسان دوست شاعری (Humanistic Poetry) کی توسیع ہے۔ چکبست نے قومی وطنی نظمیں بڑی تعداد میں لکھی ہیں مگر ان کی زندگی نے وفا نہ کی۔ وہ صرف ۴۴ یا ۴۵ برس کی عمر میں فالج کے حملے سے انتقال کر گئے، ورنہ وہ بہت بڑے اور اچھے غزل گو بھی تھے۔ یہاں ان کی غزل کے چند اشعار ملاحظہ ہوں

زندگی کیا ہے عناصر میں ظہورِ ترتیب
موت کیا ہے؟ اِنھی اجزا کا پریشاں ہونا

جس کی قفس میں آنکھ کھلی ہو مری طرح
اس کے لیے چمن کی خزاں کیا، بہار کیا؟

بلائے جاں ہیں یہ تسبیح اور زُنّار کے جھگڑے

دلِ حق بیں کو ہم اِس قید سے آزاد کرتے ہیں

تھکے ماندے مسافر ظلمتِ شامِ غریباں میں
بہارِ جلوۂ صبحِ وطن کو یاد کرتے ہیں

یہ مانا بے حجابانہ نگاہیں قہر کرتی ہیں
مگر حُسنِ حیا پرور کا عالَم اور ہوتا ہے

چکبست کی شاعری کی ابتدا ہی حُب الوطنی اور قومی ہمدردی سے ہوتی ہے۔ انھوں نے بارہ تیرہ سال کی عمر ہی سے شاعری شروع کر دی تھی۔ ان کی پہلی نظم 'حُب قومی' کے عنوان سے ملتی ہے۔ یہ زمانہ ۱۸۹۴ کے آس پاس کا تھا۔ چکبست نے یہ نظم لکھنؤ کے ایک جلسے میں پڑھی۔ کم عمری میں ایسی نظم لکھنے پر ان کو بہت داد ملی۔ عمر کے ساتھ ساتھ ان کا مذاقِ شعری پروان چڑھنے لگا اور ان کا مطالعہ و مشاہدہ بھی وسیع ہوا۔ ان کے کلام میں پختگی آنے لگی۔ انیسویں صدی کی آخری دہائی اور بیسویں صدی کے اوائل میں ہر طرف قومی ہمدردی اور حُب الوطنی کا چرچا تھا۔ سرسید اور حالی ہندوستانیوں کی تعلیم اور ترقی کا صور پھونک چکے تھے۔ ان کے بعد کے تعلیم یافتہ نوجوانوں نے ان کی آواز میں آواز ملائی۔ انگریزوں کی ظالمانہ حکومت، ہندوستانیوں کی ذلت و محکومی سے تمام حسّاس فن کار و ادیب دل برداشتہ تھے۔ اندر ہی اندر آزادی کی آرزو کروٹ بدل رہی تھی اور ہندوستانیوں کے آپسی اتحاد و اتفاق اور یک جہتی کی اہمیت سمجھ میں آ رہی تھی۔ مختلف طبقات میں ہم آہنگی اور یگانگت کی ضرورت شدّت سے محسوس کی جانے لگی۔ ایسے دور میں اقبال، چکبست، جوش ملیح آبادی، سرور جہاں آبادی، تلوک چند محروم نے حُب

الوطنی کے گیت گائے اور اتحاد واتفاق کی تعلیم کو اپنی شاعری سے عام کرنے کی کوشش کی۔ چکبست نے 'خاکِ ہند' کے عنوان سے جو نظم لکھی، وہ اس سلسلے میں قابلِ ذکر ہے۔ اس نظم کے صرف دو بند ملاحظہ ہوں

اے خاکِ ہند تیری عظمت میں کیا گماں ہے
دریائے فیضِ قدرت تیرے لیے رواں ہے
تیری جبیں سے نورِ حُسنِ ازل عیاں ہے
اللہ رے زیب وزینت، کیا اَوجِ عزّ وشاں ہے
ہر صبح ہے یہ خدمت خورشید پُر ضیا کی
کرنوں سے گوندھتا ہے چوٹی ہمالیہ کی
اس خاکِ دلنشیں سے چشمے ہوئے وہ جاری
چین و عرَب میں جن سے ہوتی تھی آبیاری
سارے جہاں پہ جب تھا وحشت کا ابر طاری
چشم وچراغِ عالَم تھی سرزمیں ہماری
شمعِ ادب نہ تھی جب یوناں کی انجمن میں
تاباں تھا مہرِ دانش اس وادیِ کُہن میں

اس نظم میں بھی چکبست نے ہندوستان کے مشترکہ کلچر اور روایات کا ذکر خوب صورت انداز میں کیا ہے

اب تک اثر میں ڈوبی ناقوس کی فغاں ہے
فردوسِ گوش اب تک کیفیّتِ اذاں ہے

چکبست نے اپنے قومی و وطنی جذبات کا اظہار موثر انداز میں کیا ہے۔ ان کے

اسلوب میں جذبے کا خلوص، زبان کی فصاحت اور فن کی چابک دستی بھی ہے۔ اس نظم کا یہ بند ملاحظہ ہو

شیدائے بوستاں کو سَرو سَمن مبارک
رنگیں طبیعتوں کو رنگِ سخن مبارک
بلبل کو گُل مبارک، گُل کو چمن مبارک
ہم بے کسوں کو اپنا پیارا وطن مبارک
غنچے ہمارے دل کے اِس باغ میں کھلیں گے
اِس خاک سے اُٹھے ہیں اِس خاک میں ملیں گے

چکبست نے اپنے زمانے کے کئی قومی لیڈروں کی موت پر جو مرثیے لکھے، ان کا مقصد بھی یہی تھا کہ وہ نوجوانوں میں اعلیٰ انسانی و اخلاقی خوبیاں پیدا کرنا چاہتے تھے۔ گوکھلے، تلک اور گنگا پرساد ورما کی موت پر ان کے جو مرثیے ہیں، وہ زبان و بیان، اندازِ خطاب اور اخلاقی خوبیوں کی تعریف و تحسین کے اعتبار سے خاصے کی چیز ہیں۔ ان کو پڑھنے سے حب الوطنی، کشادہ نظری اور خدمتِ قومی کا جذبہ پیدا ہوتا ہے۔ یہ صحیح ہے کہ ایسے مرثیوں اور نظموں کی فنّی سطح اونچی نہیں ہوتی مگر ایسے مرثیوں اور نظموں کی ضرورت ہوتی ہے۔ معاشرتی زندگی میں شاعری سے تعلیم و تربیت اور جوش وولولہ کو اُبھارنے کے لیے ایسے شعری اقتباسات بہت مفید اور کارآمد ثابت ہوئے ہیں۔ صرف اردو میں نہیں، دنیا کی دوسری زبانوں میں بھی ایسی تخلیقات وجود میں آئی ہیں۔

چکبست کی شاعری کے مطالعے سے یہ بات واضح ہوجاتی ہے کہ ان کا وِژن (Vision) وسیع تھا۔ وہ تنگ دلی اور تنگ نظری سے کوسوں دور تھے۔ مختلف طبقات اور افراد میں باہمی محبت و اُخوت کو پسندیدہ نظروں سے دیکھتے تھے۔ ان کی شاعری میں

بھی ان کا یہ نقطۂ نظر صاف نظر آتا ہے۔ پروفیسر منظر اعجاز نے ان سے متعلق لکھا ہے:

"چکبست مظاہر کے حُسن میں حقیقت کے جمال کا پرتَو دیکھتے ہیں اور فطرت و انسانیت کو ایک دوسرے کے ساتھ ہم آہنگ کرنے کی سعی کرتے ہیں۔ چکبست دنیا کو ایک گھر یا کنبہ تسلیم کرتے ہیں اور پرستشِ وفا کو ہی انسانیت کی معراج تصور کرتے ہیں۔ ان کے نزدیک کعبہ و بت خانہ میں کوئی فرق نہیں بشرطیکہ وفا قدرِ مشترک ہو۔ یہی وہ اخلاقی نکتہ ہے جس پر چکبست مذہبی رواداری، وسیع المشربی، مساوات اور اُخوت جیسے قدری عناصر کو سمیٹ کر انسانیت کے معیار کی تعمیر و تشکیل کرتے ہیں۔"

(اقبال اور قومی یک جہتی، ص ۲۱۷)

چکبست کے اس نقطۂ نظر کو اُجاگر کرنے کے لیے ان کی دو نظموں کے مندرجہ ذیل بند پیش کیے جاتے ہیں

(الف)

شرابِ اُنس حقیقی سے تھا ہر اِک سرشار
شجر تھا، کوہ تھا، چشمہ تھا یا یہ مشتِ غبار
درخت و کوہ ہیں کیا، ذاتِ پاک انساں کیا
طیور کیا ہیں، ہوا کیا ہے، ابرِ باراں کیا
یہ موجِ ہستیٔ بیدار کے عناصر ہیں
سب ایک قافلۂ شوق کے مسافر ہیں

(ب)

ہر ذرّۂ خاکی ہے مرا مونس و ہمدم
دنیا جسے کہتے ہیں وہ کاشانہ ہے میرا

جس جا ہو خوشی، ہے وہ مجھے منزلِ راحت
جس گھر میں ہو ماتم وہ عزاخانہ ہے میرا
جس گوشۂ دنیا میں پرستش ہو وفا کی
کعبہ ہے وہی اور وہی بت خانہ ہے میرا

یہاں ایک اہم نکتے کی طرف اشارہ ضروری ہے کہ چکبست اور ان کے جیسے دوسرے شاعر و فن کار کے یہاں قومی یک جہتی کا محدود تصور نہیں ہے۔ یہ فنکار ملک اور قوم کی سطح اور دائرے سے اوپر اُٹھ کر دنیا کے تمام انسانوں کے لیے امن و سلامتی اور خوشحالی کا جذبہ رکھتے ہیں اور ہر قوم کی ترقی اور ہر انسان کی عزت و عافیت اور امن و سلامتی کی تمنا کرتے ہیں۔ چکبست اور ان کے قبیل کے دیگر شعرا و مفکرین یہ مانتے ہیں کہ انسان کو رنگ و نسل، مذہب و زبان اور خطّے میں تقسیم نہیں کرنا چاہیے۔ سب کی انسانی حیثیت یکساں ہے۔ سب عزت و احترام، آزادی و مساوات، امن و سلامتی کے مستحق ہیں۔ انسانوں اور انسانی گروہوں سے امتیازی برتاو آپسی دشمنی اور منافرت کو جنم دیتی ہے۔ چنانچہ سارے عالم کے انسانوں کو وحدتِ آدم اور احترامِ آدمی کی تعلیم سے مزیّن کرنا چاہیے۔ جب ہی یہ دھرتی امن و سکون اور محبت و اُخوت اور تہذیب و تمدن کا حقیقی گہوارہ بن سکتی ہے۔ اقبال نے بہت پہلے ہی کہہ دیا ہے

شکتی بھی شانتی بھی بھگتوں کے گیت میں ہے
دھرتی کے باسیوں کی مکتی پریت میں ہے

٭٭٭

۹

اردو شاعری اور روزمرہ کی زندگی

بدر محمدی

ایجاز و اختصار کے باجود شعر جامع اور مکمل ہوتا ہے۔ لفظوں کی ترکیب باوزن ہونے کے باعث اس میں موزونیت اور نغمگی پائی جاتی ہے۔ نغمگی کا ہی نتیجہ ہے کہ تنہائی میں جب کوئی مخاطب نہیں ہوتا، مترنم آواز نہ ہوتے ہوئے بھی ہم کسی شعر کو پڑھتے نہیں گنگناتے ہیں۔ اسی طرح جب مشاعرے کا انعقاد کیا جاتا ہے اور سننے سنانے کی باضابطہ محفل آراستہ کی جاتی ہے تو شعر کو ترنم سے پڑھنے میں ہی زیادہ مقبولیت حاصل ہوتی ہے مگر اس کا ہرگز یہ مطلب نہیں کہ شعر چونکہ کلام موزوں کا نام ہے اس لیے ترنم سے پڑھنا ہی اس کی درست ادائیگی ہے۔ اس کی زندہ مثال ہماری روزمرہ کی زندگی ہے۔ جب ہم کسی سے محو کلام ہوتے ہیں تو تبادلۂ خیال کا ذریعہ نثری پیرایۂ بیان ہوتا ہے۔ دوران گفتگو اگر کوئی شعر پیش کرنے کی نوبت آجاتی ہے تو ایسے میں ہم مترنم آواز کا سہارا نہیں لیتے بلکہ تحت اللفظ میں ہی شعر پڑھتے ہیں اور اس وقت اس میں اتنی برجستگی اور موزونیت ہوتی ہے کہ ترنم کا وسیلہ اپنایا جائے تو شعر مذاق بن کر رہ جائے۔ واضح ہو کہ تحت اللفظ کوئی نثری لب و لہجہ نہیں بلکہ اس میں وزن کی کارفرمائی صاف جھلکتی ہے۔ یعنی اوزان کی نشست و برخاست کو ملحوظ خاطر رکھا جاتا ہے۔ جس وجہ سے غیر مترنم وسیلہ

ہوتے ہوئے بھی شعر کی پیش کش کا اپنا ایک طرز دکھائی دیتا ہے۔ بعض شعر کی تو ساخت ہی کچھ ایسی ہوتی ہے کہ روزمرہ کے معمولات کیا، مشاعرہ اور دیگر تقریبات کے موقع سے تحت اللفظ میں پڑھنا ہی زیادہ مناسب ہوتا ہے۔ چنانچہ اردو کی بہت ساری غزلیں ایسی ہیں جنہیں گایا نہیں جاسکتا۔ ترنم کا جادو دراصل سماعت کو محظوظ کرنے کے لیے جگایا جاتا ہے۔ اس سے ذہن میں تصورات کے گلشن آباد ہونے لگتے ہیں اور ہم خواب و خیال کی وادی میں کھو جاتے ہیں۔ چونکہ مشاعرہ یا شعری نشست کا انعقاد ایک منصوبے کے تحت ہوتا ہے اس لیے خود کو محظوظ کرنے کی چاہت رہتی ہے۔ شعری فنکاری کے ساتھ ساتھ صوتی ہم آہنگی کی بھی طلب ہوتی ہے۔ لہٰذا فنکار اپنے جذبات و احساسات کا اظہار اثر انگیز ترنم میں کرتا ہے اور اس طرح مشاعرے کو تفریح کا وسیلہ بنایا جاتا ہے۔

ادب ہر زمانے میں زندگی سے وابستہ رہا ہے وہ ادب برائے ادب کا دور ہو یا ادب برائے زندگی کا عہد۔ ترقی پسند تحریک کا زمانہ ہو یا جدیدیت اور مابعد جدیدیت کا عرصہ۔ ادب کا شعری حصہ یعنی شاعری جو فنون لطیفہ کی اعلیٰ ترین قسم ہے، زندگی سے نسبتاً زیادہ منسلک رہی ہے۔ وہ یوں کہ زندگی احساس کا نام ہے اور شعر و ادب احساس کی ترجمانی ہے۔ شاعری الفاظ کو محض بروزن ترتیب دینے کا عمل نہیں بلکہ شاعری کے لیے شعریت ضروری ہے جو بات کہی گئی ہو اس کا لہجہ شاعرانہ ہو اور ظاہراً جو مفہوم سمجھ میں آرہا ہو، حقیقی معنی اس سے بالاتر ہو۔ تک بندی اور شعر گوئی میں بڑا فرق ہے۔ شعر سمجھنے اور سمجھانے کی چیز نہیں بلکہ محسوس کرنے کی شے ہے، دوسری جانب یہ بات بھی ہے کہ شعر کی مقبولیت اس کی گہرائی و گیرائی یا داخلی معنویت کی بنیاد پر نہیں طے کی جاسکتی۔ بڑا شعر وہ نہیں کہ جس کی تشریح در تشریح ہو اور وہ تحقیق کا موضوع بنے بلکہ اچھا شعر وہ ہے جو زیادہ سے زیادہ کوٹ کیا جائے اور یہ بات دعویٰ کے ساتھ کہی جاسکتی ہے کہ

روزمرہ کی زندگی میں اردو کے اشعار جس قدر کوٹ کیے جاتے ہیں کسی اور زبان کے اشعار کو یہ اعزاز حاصل نہیں۔ تحریر و تقریر اور عام بول چال میں اتنے اشعار کسی دوسری زبان میں مستعمل نہیں اور پھر ان اشعار کا بدل بھی نہیں۔

زندگی کیا کسی مفلسی کی قبا ہے جس میں
ہر گھڑی درد کے پیوند لگے جاتے ہیں

شدت ضعف نے حالت یہ بنائی میری
نبض چلتی ہے تو دکھتی ہے کلائی میری

مفلسی سب بہار کھوتی ہے
مرد کا اعتبار کھوتی ہے

کرو مہربانی تم اہل زمیں پر
خدا مہرباں ہو گا عرش بریں پر

آرام کیا کہ جس سے ہو تکلیف اور کو
پھینکوں کبھی نہ پاؤں سے کانٹا نکال کے

پھول کی پتی سے کٹ سکتا ہے ہیرے کا جگر
مرد ناداں پر کلام نرم و نازک بے اثر

کہہ رہا ہے شور دریا سے سمندر کا سکوت
جس میں جتنا ظرف ہے اتنا ہی وہ خاموش ہے

جن کا اقبال جوانی میں چمک جاتا ہے
ان کو بچپن کے حسینوں سے حجاب آتا ہے

دنیا میں ہوں دنیا کا طلبگار نہیں ہوں

بازار سے گذرا ہوں خریدار نہیں ہوں

سن تو سہی جہاں میں ہے تیرا فسانہ کیا
کہتی ہے تجھ کو خلق خدا غائبانہ کیا

لازم ہے دل کے پاس رہے پاسبان عقل
لیکن کبھی کبھی اسے تنہا بھی چھوڑ دے

طاعت ہو یا گناہ پس پردہ خوب ہے
دونوں کا جب مزہ ہے کہ تنہا کرے کوئی

الٰہی خیر مرے کارواں کی
جسے دیکھو امیر کارواں ہے

جھپٹنا، پلٹنا، پلٹ کر جھپٹنا
لہو گرم رکھنے کا ہے اک بہانہ

جہاں رہے گا وہیں روشنی لٹائے گا
کسی چراغ کا اپنا مکاں نہیں ہوتا

گو ذرا سی بات پہ برسوں کے یارانے گئے
لیکن اتنا تو ہوا کچھ لوگ پہچانے گئے

شاعری کی شروعات مختصر بیانی کے پس منظر میں ہوئی تھی۔ اس کا ایجاز و اختصار آج بھی ہماری ضرورت ہے۔ فرق یہ ہے کہ زمانۂ قدیم میں سماجی بندشوں کے پیش نظر عاشق و محبوب چوری چھپے ملتے تھے۔ ایسے میں اظہار خیال کے لیے اختصار درکار تھا۔ اشارے کنائے میں دل کی بات کرنے سے شعر گوئی بالخصوص غزل گوئی فروغ پائی۔ جو لوگ دل لگاتے تھے نتیجتاً شاعر ہو گئے اور ایسا بھی ہوا کہ شعر کہتے کہتے دل لگانے لگے۔

آج بھی ہمارے پاس وقت کی قلت ہے اور یہ قلت دوڑتی بھاگتی زندگی کے باعث ہے۔ لٰہذا آج کا آدمی مختصر ملاقات اور مختصر بات چاہتا ہے۔ یہ کہنے کا زمانہ جاتا رہا کہ

ابھی تو آئے ہو بیٹھو ذرا چلے جانا
لگے گی دیر تمھیں حال دل سنانے میں

عملاً ہم زندگی سے بتدریج دور ہوتے جارہے ہیں۔ ہماری زندگی مصنوعی ہوتی جارہی ہے اور احساس مرتا جارہا ہے۔ اگر احساس کہیں زندہ ہے تو شاعر اور ادیب کے یہاں۔ شعر و ادب اس لحاظ سے بھی زندگی سے وابستہ ہیں۔ اردو شاعری روزمرہ کی زندگی سے پیدا ہوتی ہے اور یہیں پھولتی پھلتی ہے۔ تعلیم و تعلم، تحریر و تقریر اور روزمرہ کے دیگر حالات و کوائف میں ہم انھیں لازماً استعمال کرتے ہیں۔ مختصر گفتگو اور مکمل اظہار کے لیے شاعری بالخصوص اردو شاعری اچھا وسیلہ ہے اور نسبتاً زیادہ اثر انگیز بھی۔ دوبدو گفتگو کے لیے اب ملاقات بھی ضروری نہیں اور نہ ملاقات کے لیے بات ضروری ہے۔

اب گفتگو میں بیچ سے غائب ہے آدمی
ہم تک تو آتے آتے روایت بدل گئی

کیسے کہدوں کہ ملاقات نہیں ہوتی ہے
ملتے رہتے ہیں مگر بات نہیں ہوتی ہے

عشق بازی کے شغل کو اردو شاعری نے بہتر بتایا ہے وہ عشق حقیقی ہو یا مجازی۔ محبت کی دنیا حسیں ہے اور محبت کی دنیا میں سب کچھ حسیں ہے۔ محبت ایک جاوداں زندگی ہے۔ محبت نہیں تو زندگی بھی نہیں۔ محبت زندگی ہے اور زندگی کا تعلق روزمرہ سے ہے لٰہذا محبت کا رشتہ بھی روزمرہ سے ہے اور پھر اردو شاعری کا محبت سے۔ اردو شاعری میں

ہر بات محبت کی زبان سے کہی جاتی ہے اور کانوں میں مصری گھولا جاتا ہے۔ شعرائے اردو معاملات محبت سے بخوبی واقف ہیں۔ وہ "میرا پیغام محبت ہے جہاں تک پہنچے" کے علمبردار ہوتے ہیں۔ شعرائے اردو محبت کریں یا نہ کریں مگر محبت کی بات ضرور کرتے ہیں اور اس محبت کے تناظر میں کیسی کیسی باتیں دل پسند انداز میں کہہ جاتے ہیں۔ جنہیں سنتے رہنے کا جی چاہتا ہے۔

گلوں میں رنگ بھرے باد نو بہار چلے
چلے بھی آؤ کہ گلشن کا کاروبار چلے
ایک مدت سے تری یاد بھی آئی نہ ہمیں
اور ہم بھول گئے ہوں تجھے ایسا بھی نہیں
کیوں آج اس کا ذکر مجھے خوش نہ کر سکا
کیوں آج اس کا نام مرا دل دکھا گیا
کسی کی یاد قیامت سے کم نہیں لیکن
کسی کو بھولنا اس سے بڑی قیامت ہے
ویراں ہے میکدہ خم و ساغر اداس ہے
تم کیا گئے کہ روٹھ گئے دن بہار کے
اجالے اپنی یادوں کے ہمارے پاس رہنے دو
نہ جانے کس گلی میں زندگی کی شام ہو جائے
تجھ سے ملنا خوشی کی بات سہی
تجھ سے مل کر اداس رہتا ہوں
کوئی آیا نہ آئے گا شاید

کیا کریں گر نہ انتظار کریں

الٹی ہی چال چلتے ہیں دیوانگان عشق
آنکھوں کو بند کرتے ہیں دیدار کے لیے

تم مخاطب بھی ہو قریب بھی ہو
تم کو دیکھیں کہ تم سے بات کریں

دیکھا جو تیر کھا کے کمیں گاہ کی طرف
اپنے ہی دوستوں سے ملاقات ہو گئی

ہم باوفا تھے اس لیے ٹھکرا دیے گئے
شاید انھیں تلاش کسی بے وفا کی تھی

وہ آئے ہیں پشیماں لاش پر اب
تجھے اے زندگی لاؤں کہاں سے

تعزیر جرم عشق ہے بے صرفہ محتسب
بڑھتا ہے اور ذوق گنہ یاں سزا کے بعد

بہر عیادت آئے وہ لیکن قضا کے ساتھ
دم ہی نکل گیا مرا آوازِ پا کے ساتھ

انھیں پتھروں پہ چل کر اگر آسکو تو آؤ
مرے گھر کے راستے میں کوئی کہکشاں نہیں ہے

سب کچھ خدا سے مانگ لیا تجھ کو مانگ کر
اٹھتے نہیں ہیں ہاتھ مرے اس دعا کے بعد

سنتے ہیں کہ مل جاتی ہے ہر چیز دعا سے

اک روز تجھے مانگ کے دیکھیں گے خدا سے

ان کا غم ان کا تصور ان کی یاد

کٹ رہی ہے زندگی آرام سے

اردو شاعری کا حسن اس کا حسن بیاں ہے۔ یہی وجہ ہے کہ اردو شعر پارلیمانی اور اسمبلی اجلاس، سمینار، سپوزیم، بیت بازی میں استعمال ہوتا رہا ہے۔ اردو شاعری میں نالۂ بلبل شیدا بھی ہے، جسے ہنس ہنس کر سنا جاتا ہے اور وہ بیان بھی ہے جسے سننے کے لیے جگر تھام کے بیٹھنا پڑتا ہے۔ اردو اشعار سے استفادہ شاعر و ادیب ہی نہیں استاد، عالم، طالب علم، افسر، رہنما، وکیل، اور دیگر شعبہ جات کے افراد بھی کرتے ہیں۔ ان سب کے ذریعے تلخ، شیریں، سنجیدہ، مزاحیہ، کلاسیکی اور جدید اشعار پیش کیے جاتے ہیں۔ الغرض مزاج پرسی اور خیریت کی آگاہی کے سلسلے میں اردو کے بے شمار اشعار زبان زد خاص و عام ہیں ان اشعار میں یہ خاصیت بھی ہے کہ انھیں حسب موقع استعمال کیا جاسکتا ہے۔ ان کا روئے سخن بدلتا بھی رہتا ہے۔

خرد کا نام جنوں پڑ گیا جنوں کا خرد

جو چاہے آپ کا حسن کرشمہ ساز کرے

خوب پردہ ہے کہ چلمن سے لگے بیٹھے ہیں

صاف چھپتے بھی نہیں سامنے آتے بھی نہیں

کیفیت چشم اس کی مجھے یاد ہے سودا

ساغر کو مرے ہاتھ سے لینا کہ چلا میں

اب کے جنوں میں فاصلہ شاید نہ کچھ رہے

دامن کے چاک اور گریباں کے چاک میں

ہے جستجو کہ خوب سے ہے خوب تر کہاں
اب دیکھیے ٹھہرتی ہے جاکر نظر کہاں

ملنا ترا اگر نہیں آساں تو سہل ہے
دشوار تو یہی ہے کہ دشوار بھی نہیں

ہمیں جب نہ ہونگے تو کیا رنگ محفل
کسے دیکھ کر آپ شرمائیے گا

آئے بھی لوگ بیٹھے بھی اٹھ بھی کھڑے ہوئے
میں جا ہی ڈھونڈتا تری محفل میں رہ گیا

لائے اس بت کو التجا کر کے
کفر ٹوٹا خدا خدا کر کے

ابھی اس راہ سے کوئی گیا ہے
یہ کہے دیتی ہے شوخی نقشِ پا کی

آکے سجادہ نشیں قیس ہوا میرے بعد
نہ رہی دشت میں خالی مری جا میرے بعد

زاہد تنگ نظر نے مجھے کافر جانا
اور کافر یہ سمجھتا ہے مسلمان ہوں میں

لاؤ تو قتل نامہ مرا میں بھی دیکھ لوں
کس کس کی مہر ہے سر محضر لگی ہوئی

ہم اپنے حال پریشاں پہ مسکرائے تھے
زمانہ ہو گیا یوں بھی تو مسکرائے ہوئے

کہا میں نے کتنا ہے گل کا ثبات
کلی نے یہ سن کر تبسم کیا

مگس کو باغ میں جانے نہ دینا
کہ ناحق خون پروانے کا ہو گا

ہزار برق گرے لاکھ آندھیاں اٹھے
وہ پھول کھل کے رہیں گے جو کھلنے والے ہیں

دریا کو اپنی موج کی طغیانیوں سے کام
کشتی کسی کی پار ہو یا درمیاں رہے

تو ہی ناداں چند کلیوں پر قناعت کر گیا
ورنہ گلشن میں علاج تنگی داماں بھی تھا

بخش دے داور محشر مرا اعمال نہ پوچھ
اس میں کچھ پردہ نشینوں کے بھی نام آتے ہیں

ہندی کے معروف شاعر و ادیب تری لوچن شاستری کا اعتراف ہے کہ اردو غزل میں جو زبان مستعمل ہے وہ گفتگو کے لہجے سے بہت قریب ہے اس لیے اردو شاعری میں زندگی کے عناصر تحلیل ہو جاتے ہیں۔ امریکہ کے معروف ماہر نفسیات پروفیسر جیمس نے ہر شخص کو کم سے کم دس منٹ اردو شاعری کے لیے وقف کرنے کا مشورہ دیا ہے۔ مارکنڈے کاٹجو کا ماننا ہے کہ دنیا کی سب سے زیادہ فروخت والی کتاب اردو غزل کی ہے۔ نامور صحافی خوشونت سنگھ نے بھی اردو شاعری کی تعریف کرتے ہوئے کہا ہے کہ اردو میں ایسے ایسے الفاظ ہیں جو جذبات و احساسات دل کی سچی ترجمانی کرتے ہیں۔ داخلی کیفیات کی منھ بولتی تصویر کھینچ دیتے ہیں۔

آہ نے وہ گہرے نقشے کھینچے ہیں تاثیر کے
تم تو دل رکھتے ہو آنسو گر پڑے تصویر کے

چونکہ شاعری بالخصوص اردو شاعری احساسات و جذبات کی ترجمانی ہے اور احساس کی وضاحت ممکن نہیں کیونکہ یہ محسوس کرنے کی چیز ہے۔ اس لیے اشارہ کنایہ، رمز و ایما اور ایجاز و اختصار کی جلوہ گری اردو شاعری کا جزو لاینفک ہے۔ یہی خوبیاں نثری فقرے کو ضرب المثل بناتی ہیں تو پھر اردو اشعار کو کیونکر نہ ضرب المثل کا درجہ حاصل ہو۔ ان میں نغمگی اور موسیقیت بھی ہے جو نثری فقرے میں نہیں۔ اردو اشعار ہمارے روزمرہ کی زندگی میں ضرب المثل کی صورت مستعمل ہیں۔ برمحل ایک شعر کی بدولت اس کا شاعر زندہ ہے، شعر و ادب زندہ ہیں، روزمرہ کی گفتگو آباد ہے۔

صبح ہوتی ہے شام ہوتی ہے
عمر یونہی تمام ہوتی ہے

گیا وقت پھر ہاتھ آتا نہیں
سدا دار و دورہ دکھاتا نہیں

عمر دراز مانگ کے لائے تھے چار دن
دو آرزو میں کٹ گئے دو انتظار میں

ایام مصیبت کے تو کاٹے نہیں کٹتے
دن عیش کے گھڑیوں میں گذر جاتے ہیں کیسے

وقت کرتا ہے پرورش برسوں
حادثہ ایک دم نہیں ہوتا

یاد ماضی عذاب ہے یارب

چھین لے مجھ سے حافظہ میرا

تمناؤں میں الجھایا گیا ہوں
کھلونے دے کے بہلایا گیا ہوں

فرشتوں سے بہتر ہے انسان بننا
مگر اس میں پڑتی ہے محنت زیادہ

ہزاروں سال نرگس اپنی بے نوری پہ روتی ہے
بڑی مشکل سے ہوتا ہے چمن میں دیدہ ور پیدا

گرتے ہیں شہسوار ہی میدان جنگ میں
وہ طفل کیا گرے کہ جو گھٹنوں کے بل چلے

فانوس بن کے جس کی حفاظت ہوا کرے
وہ شمع کیا بجھے جسے روشن خدا کرے

اب تو دھوپ آ پہنچی جھاڑیوں کے اندر بھی
اب پناہ لینے کو تیرگی کہاں جائے

کچھ سمجھ ہی کر ہوا ہوں موج دریا کا حریف
ورنہ میں بھی جانتا ہوں عافیت ساحل میں ہے

نکالیں سیکڑوں نہریں کہ پانی کچھ تو کم ہو گا
مگر پھر بھی مرے دریا کی طغیانی نہیں جاتی

ساحل کو دیکھ دیکھ کے یوں مطمئن نہ ہو
کتنے سفینے ڈوبے ہیں ساحل کے پاس ہی

گیا شیطان مارا ایک سجدہ کے نہ کرنے میں

اگر لاکھوں برس سجدے میں سر مارا تو کیا مارا
فلسفی کو بحث کے اندر خدا ملتا نہیں
ڈور کو سلجھا رہا ہے اور سرا ملتا نہیں
آج بنگلے پہ مرے آئی تھی آواز اذاں
جی رہے ہیں ابھی کچھ اگلے زمانے والے
اپنے کعبہ کی حفاظت ہمیں خود کرنی ہے
اب ابابیلوں کا لشکر نہیں آنے والا
مت سہل ہمیں جانو پھرتا ہے فلک برسوں
تب خاک کے پردے سے انسان نکلتے ہیں
سب پہ جس بار نے گرانی کی
اس کو یہ ناتواں اٹھالایا
بیٹھ جاتا ہوں جہاں چھاؤں گھنی ہوتی ہے
ہائے کیا چیز غریب الوطنی ہوتی ہے
میں اکیلا ہی چلا تھا جانب منزل مگر
لوگ ساتھ آتے گئے اور کارواں بنتا گیا
سنی حکایت ہستی تو درمیاں سے سنی
نہ ابتدا کی خبر ہے نہ انتہا معلوم
حباب بحر کو دیکھو کہ کیسے سر اٹھاتا ہے
تکبر وہ بری شئے ہے جو فوراً ٹوٹ جاتا ہے
مٹے نامیوں کے نشاں کیسے کیسے

زمیں کھا گئی آسماں کیسے کیسے

کیا ٹھکانا ہے زندگانی کا

آدمی بلبلہ ہے پانی کا

ہو مرض تو دوا کرے کوئی

مرنے والے کو کیا کرے کوئی

موت سے کس کو رستگاری ہے

آج وہ کل ہماری باری ہے

سیر کی خوب پھرے پھول چنے شاد رہے

باغباں جاتے ہیں گلشن ترا آباد رہے

اک معمہ ہے سمجھنے کا نہ سمجھانے کا

زندگی کاہے کو اک خواب ہے دیوانے کا

زندگی بھی تو پشیماں ہے مجھے لا کے یہاں

ڈھونڈتی ہے کوئی حیلہ مرے مر جانے کا

لائی حیات آئے قضا لے چلی چلے

اپنی خوشی نہ آئے نہ اپنی خوشی چلے

زندگی کیا ہے عناصر میں ظہور ترتیب

موت کیا ہے انھیں اجزا کا پریشاں ہونا

موت اس کی ہے کرے جس کا زمانہ افسوس

ورنہ دنیا میں سبھی آئے ہیں مرنے کے لیے

آسماں تیری لحد پہ شبنم افشانی کرے

سبز ہیٔ نورستہ اس گھر کی نگہبانی کرے

یہ ایسے اشعار ہیں، جن کے بغیر ہماری بات چیت بے مزہ ہو جائے اور بات بے مزہ ہو جائے تو حرکت و حرارت بھی بے لطف ہو جائے۔ حرکت و حرارت کے بے لطف ہونے سے روزمرہ کی زندگی بھی بے معنی ہو جائے۔ شعر آمیز گفتگو میں نہ صرف بولنے والوں کی رغبت ہوتی ہے بلکہ سننے والے بھی دلچسپی دکھلاتے ہیں۔ کیونکہ ایسی گفتگو میں متوجہ کرنے کی پوری قوت ہوتی ہے۔ جو کام ہزاروں باتوں سے نہیں ہوتا ایک شعر سے ہو جاتا ہے۔ ایک شعر سے مکمل داستان سنائی جاسکتی ہے۔ شعر کے ذریعے کوئی مخاطب کے سراپا میں اترتا چلا جاتا ہے۔ اچھا شعر انسان کو ذہنی اور روحانی فرحت بخشتا ہے۔ ذہنی خلفشار اور جسمانی تساہل سے نجات دلاتا ہے۔ اردو اشعار کے ذریعے پیار کا بھی اظہار ہوتا ہے اور غصے کا بھی۔ ان میں سرور و انبساط ہی نہیں احتجاج کی بھی باتیں ہوتی ہیں۔ علاحدگی، مظاہرہ، ناراضگی، رضامندی اور دیگر متضاد خیالات کی کارفرمائی ملتی ہے۔ اردو اشعار کا استعمال، مافی الضمیر کی ادائیگی، سرخروئی اور برتری حاصل کرنے کے لیے بھی ہوتا ہے۔ مدمقابل کو ایک شعر سنا کر پسپا بھی کیا جاتا ہے۔ روزمرہ کی زندگی میں صرف سنجیدہ اشعار سے ہی کام نہیں لیا جاتا بلکہ طنز کے نشتر بھی چلائے جاتے ہیں اور مزاح سے بھی استفادہ کیا جاتا ہے۔ اردو مطالبے اور تقاضے کی زبان ہے۔ لہٰذا اردو شاعری میں بھی یہ رنگ نمایاں ہے۔ اردو نے روزمرہ کی زندگی کو بہت کچھ دیا ہے، جس میں انقلاب زندہ باد کا نعرہ بھی ہے۔ زبان اردو بے اعتنائی کی شکار ہے مگر اس کے اشعار کی مقبولیت اپنی جگہ آج بھی مسلم ہے۔ دوران گفتگو ہم کبھی میر کی باتوں سے اتفاق کرتے ہیں تو کبھی غالب کے اقوال سے اور کبھی اقبال اور اکبر کے پیام سے۔ بعض اوقات گمنام شاعر کا شعر بھی استعمال کرتے ہیں۔ یعنی اس سے غرض نہیں کہ کس کا، کب کا اور کہاں کا شعر ہے بلکہ

بحث اس سے ہے کہ شعر بر محل، موزوں اور برجستہ ہے یا نہیں۔ سامع یا قاری کو متاثر کرنے والے اشعار ضرب المثل بن جاتے ہیں اور ان کا اثر تا دیر قائم رہتا ہے۔ ضرب المثل اشعار شعوری کوشش کے متقاضی نہیں ہوتے، موقع محل سے یہ خود در آتے ہیں۔ ان سے روزمرہ کی گفتگو، تحریر و تقریر کو موثر، دلچسپ اور بامزہ بنایا جاتا ہے۔ گفتگو میں شعر کی آمیزش کے لیے ضروری نہیں کہ متکلم شاعر ہی ہو، یہی وجہ ہے کہ بعض اوقات ناموزوں مصرع بھی استعمال کیا جاتا ہے مگر اس میں بھی موزونیت کی کوشش کارفرما ہوتی ہے۔ دراصل اپنی بات کو جاندار بنانے کے لیے اس میں غنائیت اور جاذبیت بھرنے کے لیے اور گفتگو کو نپی تلی بنانے کے لیے شعر کی مدد لی جاتی ہے۔ مصرع کے اشتراک سے نثر شاعرانہ ہو جاتی ہے، بندش الفاظ میں چستی آ جاتی ہے، گفتگو کی معنویت بڑھ جاتی ہے۔ مکالمے کا لطف دوبالا ہو جاتا ہے، جب شعر کا جواب شعر سے دیا جاتا ہے۔ بعض اوقات دوران گفتگو شعر کی اصلاح بھی ہو جاتی ہے۔ الغرض روزمرہ کی زندگی میں مستعمل اردو شاعری زندہ شاعری ہے، زندہ دلوں کی شاعری ہے، زندگی سے وابستہ شاعری ہے۔

زندگی زندہ دلی کا نام ہے
مردہ دل خاک جیا کرتے ہیں

چلا جاتا ہوں ہنستا کھیلتا موج حوادث سے
اگر آسانیاں ہوں زندگی دشوار ہو جائے

وہ کون ہے جنہیں توبہ کی مل گئی فرصت
یہاں گناہ بھی کرنے کو زندگی کم ہے

عمر بھر مصروف ہیں مرنے کی تیاری میں لوگ
ایک دن کے جشن کا ہے کتنا زیادہ اہتمام

زمانہ بڑے شوق سے سن رہا تھا
ہمیں سو گئے داستاں کہتے کہتے
دنیا کے جو مزے ہیں ہرگز وہ کم نہ ہونگے
چرچے یہی رہیں گے افسوس ہم نہ ہونگے
آگاہ اپنی موت سے کوئی بشر نہیں
سامان سو برس کا ہے کل کی خبر نہیں
خدا تجھے کسی طوفاں سے آشنا کر دے
کہ تیرے بحر کی موجوں میں اضطراب نہیں
نشیمن پر نشیمن اس قدر تعمیر کرتا جا
کہ بجلی گرتے گرتے آپ خود بیزار ہو جائے
سفر ہے شرط مسافر نواز بہتیرے
ہزار ہا شجر سایہ دار راہ میں ہے
ایک ہو جائیں تو بن سکتے ہیں خورشید مبیں
ورنہ ان بکھرے ہوئے تاروں سے کیا بات بنے
دشمنی جم کر کرو لیکن یہ گنجائش رہے
جب کبھی ہم دوست بن جائیں تو شرمندہ نہ ہوں
مٹی کی محبت میں ہم آشفتہ سروں نے
وہ قرض اتارے ہیں کہ واجب بھی نہیں تھے
ہو چکا عشق اب ہوس ہی سہی
کیا کریں فرض ہے ادائے نماز

دنیا میں کوئی غم کے علاوہ خوشی نہیں
وہ بھی ہمیں نصیب کبھی ہے کبھی نہیں
کہانی میری روداد جہاں معلوم ہوتی ہے
جو سنتا ہے اسی کی داستاں معلوم ہوتی ہے
مرے خدا مجھے اتنا تو معتبر کر دے
کہ جس مکان میں رہتا ہوں اس کو گھر کر دے
رہے دو دو فرشتے ساتھ اب انصاف کیا ہو گا
کسی نے کچھ لکھا ہو گا کسی نے کچھ لکھا ہو گا

دوران تحریر و تقریر حوالے کے لیے ایک یا ایک سے زیادہ شعر پیش کیے جاتے ہیں۔ ایک شعر میں دو مصرعے ہوتے ہیں اور ان دونوں مصرعوں سے بات پوری ہوتی ہے مگر بہت سے مصرعے ایسے ہیں جنہیں تنہا مکمل شعر کی حیثیت حاصل ہے۔ انھیں دوسرے مصرعے کی ضرورت نہیں ہوتی اگر شعر کو مکمل کیا جائے تو بدمزگی پیدا ہو جائے۔ کسی کسی شعر کے دونوں مصرعے کو الگ الگ بھی حسب موقع پیش کیا جاتا ہے۔ ایسا مصرع ابہام و پیچیدگی سے مبرّا، سادہ سلیس، رواں دواں، خوبصورت اور موثر ہوتا ہے۔ اس طرح کے مصرعے سے مضمون کی سرخی بھی بناتے ہیں۔ کتاب کا عنوان بھی دیتے ہیں۔ طرحی مشاعرے کے لیے ایسے ہی مصرع کا انتخاب کیا جاتا ہے۔ اس قبیل کا مصرع نپا تلا اور برجستہ ہوتا ہے۔ ایسا مصرع اس قدر جامع اور مکمل ہوتا ہے کہ وہ ضرب المثل بن جاتا ہے یعنی اسے بے پناہ مقبولیت ملتی ہے۔ روزمرہ کی زندگی میں ایسے مصرعوں کو کوٹ کرنے سے مختصر وقت میں بڑی بات کہہ دی جاتی ہے۔ اس طرح کے چند مصرعے آپ بھی ملاحظہ فرمائیں ع

ہر حال میں ہے شکر خدا کچھ نہ پوچھیے

آغاز تو اچھا ہے انجام خدا جانے

ہوئی تاخیر تو کچھ باعث تاخیر بھی تھا

میں خود آیا نہیں لایا گیا ہوں

ہم بیاباں میں ہیں اور گھر میں بہار آئی ہے

تقریب کچھ تو بہر ملاقات چاہیے

خوب گذرے گی جو مل بیٹھیں گے دیوانے دو

اللہ کرے مرحلۂ شوق نہ ہو طے

ایسی بھی کوئی شام ہے جس کی سحر نہیں

چلے چلو کہ وہ منزل ابھی نہیں آئی

ترے سامنے آسماں اور بھی ہیں

رقص کرنا ہے تو پھر پاؤں کی زنجیر نہ دیکھ

کنارے سے کبھی اندازۂ طوفاں نہیں ہوتا

راستے بند ہیں سب کوچۂ قاتل کے سوا

یاروں نے کتنی دور بسائی ہیں بستیاں

دوست ہوتا نہیں ہر ہاتھ ملانے والا

کہاں کھولے ہیں گیسو یار نے خوشبو کہاں تک ہے

دیکھو مجھے جو دیدۂ عبرت نگاہ ہو

ہم دیکھنے والوں کی نظر دیکھ رہے ہیں

پھر اس کے بعد چراغوں میں روشنی نہ رہی

دلربائی کے تجھے کتنے ہنر آتے ہیں

کوئی معشوق ہے اس پردۂ زنگاری میں

کچھ تو ہے جس کی پردہ داری ہے

تاڑنے والے قیامت کی نظر رکھتے ہیں

رند کے رند رہے ہاتھ سے جنت نہ گئی

ہمیں سے سنت منصور و قیس زندہ ہے

عاشق کا جنازہ ہے ذرا دھوم سے نکلے

اور بھی دکھ ہیں زمانے میں محبت کے سوا

اس عاشقی میں عزت سادات بھی گئی

چھٹتی نہیں ہے منہ سے یہ کافر لگی ہوئی

ہم کہاں تک ترے پہلو سے سرکتے جائیں

زبان غیر سے کیا شرح آرزو کرتے

قصۂ درد سناتے ہیں کہ مجبور ہیں ہم

وجود زن سے ہے تصویر کائنات میں رنگ

جو ذرہ جس جگہ ہے وہیں آفتاب ہے

زبان خلق کو نقارۂ خدا سمجھو

دل سے جو بات نکلتی ہے اثر رکھتی ہے

کون سنتا ہے فغان درویش

ثبات ایک تغیر کو ہے زمانے میں

تجھے اٹکھیلیاں سوجھی ہیں ہم بیزار بیٹھے ہیں

جن پہ تکیہ تھا وہی پتے ہوا دینے لگے

کھاؤں کدھر کی چوٹ بچاؤں کدھر کی چوٹ

خون پھر خون ہے ٹپکے گا تو جم جائے گا

پھونکوں سے یہ چراغ بجھایا نہ جائے گا

خواب تھا جو کچھ کہ دیکھا جو سنا افسانہ تھا

اللہ رے سناٹا آواز نہیں آتی

محو حیرت ہوں کہ دنیا کیا سے کیا ہو جائے گی

اک پھول کا مضموں ہو تو سو رنگ سے باندھوں

جب دئے رنج بتوں نے تو خدا یاد آیا

پاسباں مل گیا کعبے کو صنم خانے سے

ایک دھوپ تھی جو ساتھ گئی آفتاب کے

ایسا کہاں سے لاؤں کہ تجھ سا کہیں جسے

حق مغفرت کرے عجب آزاد مرد تھا

خدا بخشے بہت سی خوبیاں تھیں مرنے والے میں

پہنچی وہیں پہ خاک جہاں کا خمیر تھا

کس کی بنی ہے عالم ناپائیدار میں

نہ ہو مرنا تو جینے کا مزہ کیا

زندگی موت کے آنے کی خبر دیتی ہے

آدمی چند ملاقاتوں میں مر جاتا ہے

ہماری روزمرہ کی زندگی شاہد ہے کہ اردو شاعری کس طرح عوام سے منسلک ہے۔

روزنامہ اور ہفتہ وار اخباروں میں اس کی جلوہ نمائی ملتی ہے۔ ماہنامہ، دو ماہی اور سہ ماہی رسائل و جرائد کی دل کشی شعری مشمولات سے ہی متعین ہوتی ہے۔ روزانہ کسی نہ کسی کا شعری مجموعہ منصہ شہود پر آتا رہتا ہے۔ ریڈیو، ٹیلی ویژن پر شعری نشست اور اسٹوڈیو مشاعرہ کا انعقاد معمول کا حصہ ہے۔ اردو اشعار کو روزمرہ کی زندگی سے ہم آہنگ کرنے میں فیس بک اور واٹس ایپ کی کارکردگی بھی ناقابل فراموش ہے۔ اردو شاعری سیاست، صنعت، کھیل کود، فلم، صحت، کیریئر سازی سارے شعبہ ہائے حیات سے وابستہ ہے۔ اردو شاعری داخل نصاب ہے۔ اس کی جلوہ گری، مدرسہ، خانقاہ، ادبی اڈہ اور میخانے میں دیکھی جاتی ہے۔ اردو شاعری شکایت کا ذریعہ بھی ہے اور عبادت کا وسیلہ بھی۔ قرآن کا منظوم ترجمہ، حمد، مناجات، نعت، مرثیہ، منقبت، منظوم دعا اردو شاعری کی مقبولیت پر دال ہیں۔ پیدائش، موت، شادی بیاہ، آمد، رخصتی کے ذکر کو بھی قافیہ بند کیا جاتا ہے حتیٰ کہ بعض اوقات منظوم دعوت نامہ بھی پڑھنے کو ملتا ہے۔ اردو شاعری میں افواہ بھی ہے اور سچائی بھی۔ پہیلی بھی ہے اور کھلا اظہار بھی۔ معافی بھی ہے اور شاباشی بھی۔ آہ بھی ہے، واہ بھی۔ افسوس بھی ہے، حوصلہ بھی۔ اس طرح اردو شاعری آئے دن کام آنے والا سرمایہ ہے۔ تلقین و ہدایت، صبر و تحمل، حلم و بردباری، عاجزی و انکساری، میل محبت، خودی وانانیت، سربراہی و رہنمائی اور تعزیت و تہنیت جیسے سیکڑوں معاملات میں اردو شاعری پیغام رساں لگتی ہے۔

تم سلامت رہو ہزار برس
ہر برس کے ہوں دن پچاس ہزار

اس شعر میں غالب کی خیر خواہی، نازک خیالی کی انتہا سہی مگر یہ بھی مسلمہ حقیقت ہے کہ مبارکباد کے لیے اس سے بڑی بات کسی زبان میں شاید ہی کہی گئی ہو۔ اس کے

برعکس کسی شخص سے تو تو میں میں کی صورت میں غصہ انتہا کو پہنچ جائے اور اظہار ناراضگی کے لیے لفظ نہ ملے تو ایسے میں اردو کا شعر موثر آلہ ثابت ہوتا ہے جس سے دل کی آگ بجھ جاتی ہے، مخاطب کو ضرب کاری لگتی ہے اور لہجہ شاعرانہ ہونے کے باعث بات مزید بڑھنے سے رک جاتی ہے۔

ہر ایک بات پہ کہتے ہو تم کہ تو کیا ہے
تمھیں کہو کہ یہ انداز گفتگو کیا ہے

شاعری سے معاشرے میں شائستہ روی آتی ہے۔ بالخصوص اردو شاعری کا معاشرہ مہذب و سنجیدہ ہوتا ہے اس میں خوش اخلاقی پائی جاتی ہے لہٰذا یہ کہنا بے جا نہ ہوگا کہ شاعری سے تبلیغ و اصلاح ممکن ہے یوں تو دامن اردو متعدد اصناف سخن سے بھرا پڑا ہے مگر غزل کی حیثیت ممتاز و منفرد ہے۔ غزل کی تہہ داری اس کی معنی آفرینی سے عبارت ہے۔ آزاد غزل اگرچہ تجربہ تک محدود رہی لیکن آزاد شاعری اور نثری شاعری مقبول ہو رہی ہے۔ آج کی جدید اردو شاعری میں ہر طرح کے خیالات پیش کیے جا رہے ہیں۔ ہر طرح کے خیالات کی پیش کش کا مطلب ہے کہ ہر طرح کے موضوع پر بات ہو رہی ہے۔ اردو شاعری ہمارے شب و روز کے معمولات پر اس طرح اثر انداز ہے کہ دوسری زبان والے بھی اردو کے اشعار کو یاد رکھنے پر مجبور ہیں۔

مدعی لاکھ برا چاہے تو کیا ہوتا ہے
وہی ہوتا ہے جو منظور خدا ہوتا ہے

سرفروشی کی تمنا اب ہمارے دل میں ہے
دیکھنا ہے زور کتنا بازوئے قاتل میں ہے

خودی کو کر بلند اتنا کہ ہر تقدیر سے پہلے

خدا بندے سے خود پوچھے بتا تیری رضا کیا ہے

اردو شاعری ہماری ذہنی تفریح کا سامان بیش بہا ہے۔ یہ اس زمانے سے تفریح طبع کے کام آرہی ہے جب اس کے لیے کوئی اور ذریعہ نہیں تھا۔ آج کے سائنسی اور مشینی عہد میں مصروفیت کی نوعیت بدل گئی ہے۔ اس لیے تفریح کے بھی طریقے بدل گئے ہیں لیکن اس عہد میں بھی شگفتہ شعر سننے سے ذہنی آسودگی حاصل ہوتی ہے اور ہم تھوڑی دیر کے لیے ہی سہی وقت کے عذاب سے چھٹکارا پا جاتے ہیں اور خود کو لطف اندوز ہوتا محسوس کرتے ہیں۔ جس طرح کوئی شاعر کسی دن اگر شعر نہیں کہتا ہے تو اسے عجیب سا لگتا ہے۔ اسی طرح جب کوئی باذوق شخص کسی روز کوئی شعر نہیں سنتا یا پڑھتا ہے تو اسے بے لطفی کا احساس ہوتا ہے یہی وجہ ہے کہ کسی شاعر یا شعر وشاعری سے دلچسپی رکھنے والے فرد سے جب ہماری ملاقات ہوتی ہے تو اس سے شعر سنانے کی فرمائش کرتے ہیں۔ کسی سے پسندیدہ شعر سنانے یا پسندیدہ شاعر کا نام بتانے کی گذارش کیے جانے کی روایت بھی رہی ہے۔ یعنی ہماری روزمرہ کی زندگی مختلف طرح سے روبہ روشاعری کے کھڑی لگتی ہے۔ حوصلہ دینے کے لیے، گھبرانے سے بچانے کے لیے، اردو اشعار ہتھیار کا کام کرتے ہیں۔ روزمرہ کی زندگی اگر اردو شاعری کے جسم میں روح پھونکتی ہے تو اردو شاعری بھی زندگی کی رگوں میں صالح خون دوڑاتی ہے۔ اردو شاعری روحانی غذا ہے۔ یہ انسان کو زندگی کا احساس دلاتی ہے۔ اسے اپنے آپ سے روشناس کراتی ہے۔ اردو شاعری حیات انگیز شاعری ہے۔ جو روزمرہ کی زندگی میں فعال و متحرک نظر آتی ہے اور ہم اس کے بغیر حقیقتاً بے حس و حرکت دکھائی دیتے ہیں۔ تلفظ کی درست ادائیگی کے لیے، قواعد کا مسئلہ سلجھانے کے لیے، دوران گفتگو اردو اشعار کا حوالہ دیا جاتا ہے۔ شاعری نثری اظہار کو پختگی بخشتی ہے۔ بعض اوقات شعر کی نثر یا اس کا مفہوم پیش کیا جاتا ہے۔ برمحل

اشعار کی نثر اور اس کے چھوٹے چھوٹے ٹکڑے کے استعمال سے بات میں جان ڈال دی جاتی ہے۔ اردو شاعری کون سی بات کب، کہاں، کیسے کہی جاتی ہے کا وہ سلیقہ دیتی ہے کہ ہر بات سنی جاتی ہے۔

***